Das Montessori-Kinderhaus
in Theorie und Praxis

|M|o|n|t|e|s|s|o|r|i ▌P|r|a|x|i|s|

Herausgegeben von
Michael Klein-Landeck und Tanja Pütz

Das Montessori-Kinderhaus in Theorie und Praxis

Maria Kley-Auerswald

Das Montessori-Kinderhaus in Theorie und Praxis

HERDER

FREIBURG · BASEL · WIEN

MIX
Paper from responsible sources
FSC® C010798

www.herder.de

Umschlagkonzeption und -gestaltung: Berres & Stenzel, Freiburg
Umschlagfoto: © Harald Neumann, Freiburg
Bilder im Innenteil: © Maria Kley-Auerswald, außer S. 126: © Annegert Fuchshuber
und S. 142: Bildarchiv Verlag Herder
Illustrationen S. 129–131: © Hans Elsner

Layout: Berres & Stenzel, Freiburg
Satz und Gestaltung: post scriptum, Vogtsburg-Burkheim / Hüfingen
Herstellung: Graspo CZ, Zlín

Printed in the Czech Republic
ISBN Print 978-3-451-34245-5
ISBN E-Book (PDF) 978-3-451-80513-4

Inhalt

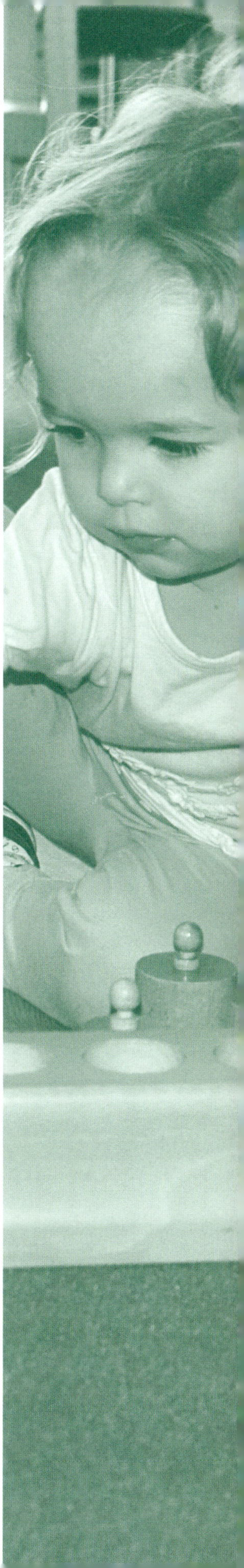

1. Das Montessori-Kinderhaus

Das einführende erste Kapitel skizziert zunächst die Auffassung von Erziehung, die das Besondere der Montessori-Pädagogik im Elementarbereich ausmacht. Anschließend bietet es eine chronologische Übersicht über die institutionelle Entwicklung der Elementarpädagogik während der letzten zwei Jahrhunderte.

1.1 Grundlegende Bemerkungen

»Wir sind keine Optimisten, sondern wir sind Goldsucher. Wir kennen die Felsen, wo Gold vorhanden ist; und wir haben von den Kindern gelernt, wie man das herrliche Metall rausholt. Die Haltung unserer Erzieher ist nicht die phantastischer Optimisten, sondern es ist die Haltung der Liebe. Ein Mensch, der nicht liebt, sieht nur die Fehler bei den anderen; der liebt, sieht sie nicht, und darum sagt man, Liebe mache blind. Doch nur wer liebt, ist ein wirklich Sehender, und nur er kann die zarten Offenbarungen des Kindes sehen und verstehen, und vor ihm wird ein Kind seine wahre Natur zeigen können« (nach Oswald 1969).

Lerner von Geburt an

Kinder wollen sich mit der Welt auseinandersetzen, sie begreifen, erforschen und erkunden. Dabei folgen sie einem inneren Antrieb. Entwicklung, Lernen und Spielen bilden einen Dreiklang in einem vom Kind selbst bestimmten Zeitmaß. Ganzheitliche Bildung im Elementarbereich bedeutet Stärkung aller physischen, sozialen, emotionalen und kognitiven Fähigkeiten: das Kind als früher Lerner von Geburt an.

Selbstgesteuertes Lernen

Die öffentliche Bildungsdebatte, die auch die Arbeit im Elementarbereich mit einbezieht, hat zu einer Vielzahl von Förderprogrammen in Kindergärten geführt. Darin sehen Eltern, Vertreter der Wissenschaft und Politiker eine Garantie für gelingende kindliche Bildungsprozesse. Dass Kinder dabei einem wachsenden Druck und einer Eindämmung ihrer Lernfreude ausgesetzt werden, wird nicht berücksichtigt. Förderprogramme – von Erwachsenen ausgedacht – unterbrechen tendenziell die Erkenntnisprozesse des Kindes und lassen kaum Raum für selbstgesteuertes Lernen.

Pädagogik als Begleitung

Die Montessori-Pädagogik geht den Weg der ganzheitlichen Bildung und versteht sich in diesem Sinne als »Dienst am Leben«. Das bedeutet, auf das Kind zu schauen und seine Selbstbildungsprozesse zu begleiten und zu unterstützen. Dabei bildet Beobachtung die Richtschnur pädagogischen Handelns – gemäß dem Dreischritt: beobachten – warten – handeln.

Sich jeden Tag neu auf die Kinder einzulassen, von ihnen zu lernen, ist spannend und bereichernd für jede Pädagogin.[1]

»Ein Kind ist kein Gefäß, das gefüllt, sondern ein Feuer, das entfacht werden will« (François Rabelais).

1 Aus Gründen der Einfachheit wird im Folgenden in der Regel die weibliche Form (Pädagogin usw.) benutzt. Selbstverständlich sind dabei aber die Pädagogen immer mitgemeint (und umgekehrt).

1.2 Kleinkinderziehung – eine kurze Entstehungsgeschichte

»Ich habe alles von den Kindern gelernt und lerne noch immer von ihnen; ich gebe nur weiter, was ich empfangen habe« (Friedrich Fröbel).

1802: Fürstin Pauline zu Lippe-Detmold gründet die erste deutsche »Aufbewahrungsanstalt für Kinder«.

1835: Der evangelische Pfarrer Theodor Fliedner richtet die erste Kleinkinderschule ein. Fliedner sieht seine Einrichtung als Nothilfe für Kinder bedürftiger Familien.

1836: Fliedner beginnt mit der Ausbildung von Kleinkinderschullehrerinnen (Seminar für Kleinkinderschulen). Seine Frau Friederike unterstützt ihn besonders in der Praxis.

28. Juni 1840: Friedrich Wilhelm Fröbel gründet den »Allgemeinen Deutschen Kindergarten«. – Der Begriff »Kindergarten« wird seitdem nicht nur im deutschsprachigen Raum verwendet. Fröbel spricht vom »Garten-Paradies« und meint damit die Möglichkeit der Entfaltung einer Perspektive, einen Ort der Weitsicht, Offenheit und Freiheit, an dem sich Menschen wohlfühlen, entfalten und somit bilden können. Die Idee des Kindergartens als Bildungseinrichtung ist entstanden. *Fröbel*

Fröbel als Begründer des Kindergartens entwickelte eine erstaunlich moderne Sicht auf das Kind. Lange vor Freud sah Fröbel die psychische Entwicklung des Menschen vom Unbewussten zum Bewussten hinstrebend, wobei der unbewussten Entwicklungsphase eine grundlegende Bedeutung für die zukünftige Entwicklung der Persönlichkeitsstruktur und der Lebenseinstellungen zugeschrieben wurde. Insbesondere erkannte er, dass die frühen Interaktionsprozesse zwischen der Mutter bzw. den Eltern und dem Kind für die Entwicklung des Lernens und die gesamte Persönlichkeitsentwicklung des Kindes genauso entscheidend sind wie für die Bildung der mütterlichen bzw. elterlichen Empathie (vgl. Schmutzler 1991: 13).

August 1851: In Preußen werden alle Kindergärten verboten. Das Kindergartenverbot besteht fast neun Jahre und wird erst am 17. April 1860 aufgehoben. Auch in anderen deutschen Ländern müssen Kindergärten aufgrund behördlicher Anordnung schließen.[2]

6. Januar 1907: Die Ärztin Maria Montessori eröffnet ihr erstes Kinderhaus in San Lorenzo, einem Elendsviertel in Rom. Ihre Arbeit wird schnell bekannt, besonders durch die Tatsache, dass schon 4-Jährige mühelos lesen und schreiben lernen. *Montessori*

2 Der historischen Wissenschaft ist kein weiterer Fall bekannt, dass mächtige Staaten sich durch das Spiel kleiner Kinder in ihrer Sicherheit bedroht glaubten (vgl. Reyer 2012: 281).

Erstes Kinderhaus in San Lorenzo – Gedenktafel[3]

1913: Maria Montessori veröffentlicht ihr erstes Buch *Selbsttätige Erziehung im frühen Kinderalter.*

1925: Die Deutsche Montessori-Gesellschaft wird in Berlin gegründet.

1926: Die »Arbeitsgemeinschaft Fröbel'scher Kinderpflegerinnen« konstituiert sich in Schweina (Thüringen).

Waldorf

1926: Der erste Waldorf-Kindergarten wird in Stuttgart eröffnet.

1933: Die Nazi-Diktatur beginnt mit der sog. Gleichschaltung (auch) des Kindergartenwesens und zerstört die deutsche Montessori-Bewegung. Montessori-Kinderhäuser, Montessori-Schulen und Montessori-Literatur werden verboten.

1938: Der Deutsche Fröbel-Verband wird aufgelöst.

1945: In den westlichen Besatzungszonen und später in der Bundesrepublik beginnt der mühsame Neuaufbau des Kindergartenwesens.

1946: In der sowjetischen Besatzungszone wird ein Gesetz zur Neuordnung des Bildungs- und Schulwesens erlassen, welches auch den Kindergarten einschließt.

1948: In Göttingen wird der »Pestalozzi-Fröbel-Verband« gegründet.

1954: Ein internationaler Montessori-Kurs unter Leitung von Helene Helming findet statt (der erste seit 1923 in Deutschland).

3 Die Inschrift lautet übersetzt: »1970. Zum Gedenken an den hundersten Jahrestag der Geburt von Maria Montessori, die, indem sie hier am 6. Januar 1907 das erste Kinderhaus (Casa dei bambini) gegründet hat, ihr fruchtbares Werk begonnen hat als große Erzieherin im Dienste der Kindheit für die Freiheit des Menschen.«

Die meisten Kindergärten hatten in der Nachkriegszeit einen kirchlichen Träger. Etliche Erzieherinnen hatten Schwierigkeiten, die Montessori-Arbeit in den Einrichtungen durchzuführen, weil die Pfarrer der Pädagogik misstrauten. Ihnen war es suspekt, kleinen Kindern Freiheit zu geben. Kinder hatten zu gehorchen; Gehorsam und Freiheit vertrugen sich nach ihrer Meinung nicht. Mit der Gründung eines katholischen Vereins zur Förderung der Montessori-Pädagogik wurden jedoch viele Hindernisse beseitigt, und die Montessori-Arbeit konnte Fuß fassen. Zahlreiche Kindergärten stellten ihre Arbeit auf die Montessori-Pädagogik um (vgl. Dernbach 2001: 165).

seit Januar 1996: Nach § 24 des Achten Buches des Sozialgesetzbuchs (SGB VIII) gibt es einen Rechtsanspruch auf einen Kindergartenplatz – auch als Folge der deutschen Einheit. Wegen fehlender finanzieller Mittel bei den Kommunen kann dieser Anspruch allerdings nicht immer realisiert werden.

Rechtsanspruch

1999: Das »Forum Bildung« wird durch Bund und Länder eingerichtet. Diesem gehören Vertreter des Bundes und der Bundesländer, Vertreter vieler Verbände und Wissenschaftler an.

2002: Das Forum kommt zu einem einmütigen, partei- und länderübergreifenden Ergebnis: Das deutsche Bildungssystem muss grundlegend erneuert werden. Je jünger die Kinder, desto mehr Investitionen für Bildung und Erziehung. Etwa zur gleichen Zeit werden die ersten Ergebnisse der Pisa-Studie bekannt und lösen den sog. Pisa-Schock aus – ein Ereignis, das diesen Forderungen weiteren Nachdruck verleiht.

seit 2006: Es besteht ein Rechtsanspruch auf einen Kindergartenplatz für Kinder ab dem 2. Lebensjahr.

2.

Das Kinderhaus – ein Haus der Bildung

Das zweite Kapitel beschreibt das Kind als ein von Anfang an aktiv lernendes Wesen, und es leitet daraus ein Plädoyer ab, der frühen Bildung tatsächlich den Stellenwert zuzugestehen, der ihr von daher zukommt.

Das Kinderhaus will für das Kind eine eigene Umgebung schaffen, die auf seine wachsende Kraft und Unternehmungslust gerichtet ist. Es schafft die Möglichkeit, Hemmungen zu überwinden, die das geistige Wachstum benachteiligen könnten, weckt Arbeitsfreude und befriedigt das Interesse des Kindes durch Arbeit, die mit seinen geistigen Kräften übereinstimmt. Es gibt wirkliche Führung bei der Entwicklung der geistigen Fähigkeiten durch Hilfe bei der selbstgewählten Arbeit, bietet dem Kind seine soziale Umgebung, in der es die sittlichen Normen, die das Zusammenleben fordert, erfahren kann. Es lernt seine Freiheit sinnvoll zu gebrauchen und legt so die Grundlage zu seiner ethischen Bildung.
Ein solches Haus ist ein Haus, in dem die Hoffnung wohnt.
(Maria Montessori zugeschrieben, Quelle unbekannt)

Im Kinderhaus

2.1 Das Kind als Lerner von Geburt an

Maria Montessori erkannte schon zu Beginn des 20. Jahrhunderts, dass das Kind einen Lebens-, Lern- und Entwicklungsraum braucht, welcher seinen Bedürfnissen, Körpermaßen und Kräften entspricht und pädagogisch, personal-sozial und didaktisch-dinglich an das Kind angepasst ist (Schmutzler 1991: 116).

Lern- und Entwicklungsraum

Diese Erkenntnis bestätigen auch aktuelle Ergebnisse aus der Hirnforschung. In einem Interview sagt Gerald Hüther, einer der bekanntesten Hirnforscher der Gegenwart: Bis zum 6. Lebensjahr ist die Anzahl der Nervenzellkontakte so groß wie niemals mehr im Leben. Danach verkümmern all jene Kontakte, die nicht genutzt wurden (Quarks & Co, WDR).

Bildungsstätte Kindergarten

Schon Fröbel wusste, das die Elementarerziehung im Kindergarten weit über die bloße Aufbewahrung von Kindern hinausgehen muss. Dennoch wurden die Kindergärten noch lange Zeit mehr als Bewahranstalten denn als Bildungsstätten gesehen.

Montessori und Fröbel sehen das Kind als ein aktiv lernendes Wesen von Geburt an. Die ersten Lebensjahre sind entscheidende Jahre und keineswegs als bloße Vorbereitungszeit für das danach folgende Leben zu betrachten. Sie sind eine Zeit zum Leben und nicht zur Vorbereitung auf das Leben.

»Das Wichtigste im Leben ist die richtige Vorbereitung. Die Vorschule bereitet auf die Grundschule vor, die Grundschule auf die weiterführende Schule, die weiterführende Schule auf die Universität, die Universität auf den Beruf, der Beruf auf die Pension, und am Grabe wird dann klar, dass dieser Mensch ein erfülltes Leben gehabt hat. Mit Recht antwortet der kleine Prinz darauf: »Komisch, ich habe den Eindruck, jemand, der immer nur vorbereitet wird, hat nie Zeit gehabt zu leben« (Zöpfli 1984: 2).

Armin Krenz formuliert denselben Gedanken noch deutlicher:

»Da wundert es nicht, wenn der Kindergarten als Bildungseinrichtung mit der Institution Schule ständig in Verbindung gebracht wird als ›Zulieferer‹ für die eigentlich wesentlichere, wichtigere Einrichtung. Es mutet schon eigenartig an, wenn man sich einmal klarmacht, dass diese Begrifflichkeit, definiert quasi aus der Zukunft (Vor-Schul-Pädagogik, Vor-Schul-Zeit), in sonst keinem Wortgebrauch üblich ist: So spricht man von einem alten oder sehr kranken Menschen auch nicht von einem Vor-Toten, ein Viertklässler ist auch kein Vor-Gymnasiast oder ein Abiturient auch kein Vor-Student« (Krenz 2003: 22).

2.2 Bildung ist mehr als Lernen

»Haltung ist etwas, was man nicht unterrichten, sondern nur vorleben kann, und Bildung ist etwas, das man nicht erzwingen, nicht machen kann, sondern das zur Verfügung gestellt werden sollte wie der üppige und unerschöpfliche Speiseplan des Lebens« (Wagenhofer 2012).

Dass man die frühkindliche Bildung als eine eigenständige Bildungsphase ernst nimmt und wertschätzt, ist einer relativ jungen Entwicklung zu verdanken. Einen entscheidenden Schub bekam das Interesse an früher Bildung in der Öffentlichkeit durch ein Ereignis, das nicht im engeren Sinne im Bereich des Bildungswesens stattfand, nämlich durch den »Sputnik-Schock« im Jahre 1957: Der Sowjetunion war eine Sensation gelungen, als die Weltraumsonde Sputnik als Erste die Erde umkreiste – der Beginn der Raumfahrt. Für die USA und die westlichen Länder war das ein Schock, da sie der Ansicht gewesen waren, Demokratie und Kapitalismus seien gewissermaßen automatisch ein Wettbewerbsvorteil, und sich der Sowjetunion auch auf technischem Gebiet selbstverständlich überlegen gefühlt hatten. Um diesen Vorsprung nun wieder aufzuholen, starteten die USA zwei milliardenschwere Programme, nämlich das *Apollo-Programm*, welches das Ziel verfolgte, als erste Nation auf dem Mond zu landen, und das Programm *Head Start*, das unter dem Motto stand: »Frühe Bildung ist die beste Starthilfe.« Ein wichtiger Baustein dieses Programms war die Frühförderung durch Medien: Beispielsweise ging damals die amerikanische Originalversion der *Sesamstraße* erstmals auf Sendung.

Historische Meilensteine

Auch in der Bundesrepublik lösten diese Ereignisse Diskussionen über eine Reform des Bildungswesens aus. Ein Meilenstein dieser Debatte war ein Buch von Georg Picht mit dem Titel *Die deutsche Bildungskatastrophe*, das 1964 erschien. Man machte sich Gedanken um den quantitativen und qualitativen Ausbau der frühkindlichen Erziehung. In fast allen Bundesländern wurden Gesetze verabschiedet, welche die Arbeit im Kindergarten regelten. Der Kindergarten wurde zum Elementarbereich des Bildungssystems aufgewertet, und sein Bildungsauftrag wurde im Detail beschrieben. Das Fernsehen entdeckte seine mögliche Rolle als Bildungsmedium und startete 1971 die *Sendung mit der Maus* und ab 1973 die deutsche Version der aus Amerika stammenden *Sesamstraße*.

Jahrzehnte nach dem »Sputnik-Schock« folgte 2001 ein weiterer Schock, der »Pisa-Schock«: Bei der sog. »PISA-Studie« der OECD war Deutschland unter 32 getesteten Nationen nur auf Platz 22 gekommen. Als eine der wichtigsten Konsequenzen wurde die Forderung nach einem Ausbau der frühen Bildung laut. Und dabei geht es um weit mehr, als lesen, schreiben und rechnen zu lernen.

3.

Die Didaktik der Montessori-Pädagogik

Das dritte Kapitel stellt zentrale Grundzüge der Montessori-Pädagogik dar. Der Ausgangspunkt ist das Wissen darum, dass die Entwicklung des Kindes primär von innen heraus gesteuert wird. Ferner werden wesentliche Elemente näher vorgestellt: die »Vorbereitete Umgebung«, die »sensiblen Phasen« und die »Polarisation der Aufmerksamkeit«.

Wie muss das Haus sein, das wir für unsere Kinder bauen?
Es muss in uns selbst sein:
Unser Benehmen, unser Wissen, unser Wunsch, ihr Wachsen zu verstehen.
Das Haus, in dem unsere Kinder leben und dem sie vertrauen, sind wir!
(Maria Montessori, zitiert nach Schulz-Benesch)

3.1 Das Kind als Baumeister seiner selbst

Das Gras wächst nicht schneller, wenn man daran zieht (afrikanisches Sprichwort).

Das Kind folgt eigenaktiv einem inneren Bauplan, der dem Erwachsenen verborgen ist. Wird diese Eigenaktivität nicht gestört, entwickelt sich das Kind zu einem zufriedenen, interessierten und aufgeschlossenen Menschen. Zu ihrem Gelingen braucht es eine vorbereitete Pädagogin, die Unterstützung, eine Vorbereitete Umgebung und didaktische Materialien bereitstellt. Montessori sieht im Kind keinen kleinen, unvollständigen Erwachsenen, sondern ein eigenständiges Wesen, welches alle Anlagen in sich trägt. Das Kind ist in diesem Sinne der Schöpfer seiner selbst. Das Kind will und kann eigenaktiv lernen.

Eigenaktives Lernen

Kind mit Sanduhr

Der Montessori-Pädagoge Hans Elsner formuliert es so: »So wie jedes Kind wachsen möchte, so möchte es auch einfach lernen.«

Die Gesetzmäßigkeiten des inneren Bauplans erkennt die Pädagogin durch Beobachtung: »Beobachte zuerst und handele erst dann«, so lautet ein Grundsatz der Montessori-Pädagogik. Beobachtung ist somit Bedingung und zugleich konstitutiver Bestandteil pädagogischen Handelns. Die Grundlage dafür ist ein fundiertes Wissen über die Entwicklung des Kindes und vor allem auch die Kenntnis dessen, was Maria Montessori die »sensiblen Phasen« nennt.

Beobachtung

3.2 Vorbereitete Umgebung – vorbereitete Pädagogen

Die »Vorbereitete Umgebung« und der vorbereitete Pädagoge bilden zusammen das Fundament des Bildungskonzeptes von Maria Montessoris Pädagogik. Die Vorbereitete Umgebung im Sinne Maria Montessoris ist ein klar strukturierter Raum, in dem die Kinder vielfältige Möglichkeiten zum selbstständigen Lernen und Arbeiten vorfinden, aus denen sie das auswählen können, was für sie gerade »dran« ist. Sie stellt so eine methodisch-didaktische Antwort auf die Selbstbildungsaktivität des Kindes dar. Das Ziel der Vorbereiteten Umgebung ist es, das heranwachsende Kind vom Erwachsenen möglichst unabhängig zu machen.[4]

Vorbereitete Umgebung

Maria Montessori orientierte sich in ihren Grundgedanken an Jean-Jacques Rousseau, der das Eigenrecht des Kindes auf eine freie Entwicklung herausstellte und darauf, dass es die Möglichkeit hat, sich seine Ziele eigenständig zu setzen. Das Kind sucht nach Antworten auf seine Fragen (Forschergeist) und bedarf dabei der Unterstützung des Erwachsenen, jedoch ohne dass dieser das Kind zu formen beabsichtigt.

Unterstützung statt Formung

Das bedeutet: Bildungsprozesse können nicht von außen sozusagen in ein kindliches Hirn hineingeschaltet werden, sondern die Impulse müssen aus dem Kind selbst kommen.

Auch aktuelle Ergebnisse aus der Hirnforschung bestätigen diese Überzeugung.

»Vor allem im Bereich der Hirnforschung sind wir gerade dabei zu erkennen, dass sich alle lebenden Systeme, auch unser Gehirn, in einem sich selbst organisierenden Prozess entwickeln. Nicht der liebe Gott oder die genetischen Programme bauen da irgendetwas zusammen, sondern die Beziehungsmuster im Gehirn eines Kindes bilden sich innerhalb der jeweiligen Rahmenbedingungen, in die das Kind hineinwächst, sozusagen von alleine heraus« (Interview mit Gerald Hüther zum Film *Alphabet*).

Zentrale persönliche Fähigkeiten wie Motivation, Selbstkontrolle und Empathie lassen sich nicht unterrichten. Für ein funktionierendes Selbstwirksamkeitskonzept stellt die Pädagogin anregend-fördernde, geordnete und ästhetisch gestaltete Räume zur Verfügung, und sie stellt Materialien bereit, die die geistigen und kreativen Kräfte des Kindes wecken.

Selbstwirksamkeit fördern

Merkmale der Vorbereiteten Umgebung

- *Individualität:* Die Vorbereitete Umgebung ist ein pädagogisch-didaktisches Prinzip der individuellen Gestaltung für jedes Kind.

4 Vgl. Klein-Landeck / Pütz 2011, 56–63.

- *Kontinuität:* Die Vorbereitete Umgebung stellt ein Ordnungssystem dar, welches durch Beobachtung der Kinder ständig an deren Bedürfnisse angepasst wird, eine stabile Ordnungsstruktur, von der das Kind sein Leben lang profitieren wird. Das Kind erlebt eine Grundstruktur, die ihm beim Ordnen und Erforschen seiner Umgebung hilft. *Ordnung*
- *Wiederholbarkeit:* Die Materialien sind so gestaltet, dass sie Wiederholungen ermöglichen. Wiederholungen helfen dem Kind, die Dinge zu verstehen und Arbeitsgänge zu automatisieren.
- *Progressivität:* Dieselben Materialien können für mehrere Entwicklungsstufen verwendet werden, indem sie durch weiteres Material bzw. Zusatzmaterial (das meist keiner besonderen Anleitung bedarf) weiter fortgeführt oder erweitert werden. Die einzelnen Lernfelder dienen als Orientierungshilfe (und unterstützen außerdem auch die räumliche Wahrnehmung). Der systematische Aufbau des Materials ermöglicht eine fortschreitende Kenntnisgewinnung und Selbstbildung. Verliert ein Kind das Interesse an einem Material, so weist dies meist darauf hin, dass das jeweilige Entwicklungsfenster für das Material ausgeschöpft ist. *Systematik*
- *Kreuzpunktfunktion:* Die Materialien bauen aufeinander auf. Durch Ordnen, Klassifizieren und Kategorisieren werden kognitive Fähigkeiten und speziell die Grundlagen der Mathematik und der Kosmischen Erziehung entwickelt. Auch Sprachbildung gehört zu allen Tätigkeiten des Kindes. Die freie Wahl des Spielpartners stärkt das Sozialverhalten.
- *Einfachheit:* Die Materialien sind so geordnet, dass Kinder sie selbstständig auswählen und nutzen können. Dies wird durch eine klare Raumstruktur mit einer Unterteilung in verschiedene Bereiche begünstigt. Alle Dinge sind leicht erreichbar; sie haben ihren bestimmten Platz und sind nach Themen geordnet: Sinnesmaterial, Übungen des praktischen Lebens, Sprache, Mathematik einschl. Geometrie, Kosmische Erziehung, Religion, kreativ-musische Angebote, Bau- und Konstruktionsspiel, Rollenspiel. *Einfachheit*
- *Anordnung:* Das Material ist frei wählbar und wird in einem offenen Regalsystem angeboten. So wird die Motivation zur aktiven Auseinandersetzung damit unterstützt.
- *Funktionalität:* Die Funktionalität der Materialien ist klar zu erkennen. Ihre didaktische Bedeutung wird durch die Tätigkeit ersichtlich.
- *Aufforderungscharakter:* Alle Materialien sind interessant und kognitiv anregend, sie haben einen »hohen Aufforderungscharakter«. Die Materialien sind einfach, schlicht und ästhetisch gestaltet sowie überlegt im Raum platziert. Material, Umgebung und Möbel sind so beschaffen, dass die Kinder Lust haben, damit umzugehen. Die klare Struktur unterstützt also die Eigenmotivation und hilft sachorientiert zu handeln. Maria Montessori spricht in diesem Zusammenhang von der »Sprache der Dinge«.
- *Ästhetische Qualität:* Nichts erinnert im Kinderhaus an die bunte Plastikwelt in vielen Kinderzimmern. Die Farben sind sorgsam gewählt und aufeinander abgestimmt. (Auch hierfür gilt Montessoris Wort von der »Sprache der Dinge«.) *Ästhetik*
- *Proportionalität:* Mobiliar und Materialien sind so gestaltet, dass sie den sich entwickelnden Begabungen und Interessen des Kindes folgen und seine Aktivitäten stimulieren. Tische und Stühle sind leicht, damit die Kinder sie tragen und verrücken kön-

nen. Die Bodenflächen bieten Platz für Arbeitsteppiche, auf denen die Kinder mit den Materialien hantieren und mit denen sie ihren Arbeitsplatz im Raum selbst bestimmen können.

- *Isolation der Schwierigkeit:* Bei jedem Material lernt das Kind zunächst nur *eine* Sache. Durch diese »Isolierung der Schwierigkeit« werden im Gedächtnis klare Strukturen aufgebaut und geistige Kräfte aktiviert.

Didaktik

- *Mengenmäßige Begrenzung:* Jedes Material ist nur einmal vorhanden. Die Begrenzung im Materialangebot unterstützt die Lenkung der Aufmerksamkeit und hält das Interesse wach. Die Kinder treffen Absprachen und entscheiden selbst, mit welchem Material sie wie lange und ob sie alleine oder mit einem Partner arbeiten wollen (soziales Miteinander / Partizipation).
- *Fehlerkontrolle:* Jedes Material verfügt über eine Fehlerkontrolle. Das Kind ist nicht zwingend auf die Hilfe eines Erwachsenen angewiesen; die eingebaute Fehlerkontrolle hilft ihm vielmehr, Störungen selbst zu beheben. So lernt es eigene Lösungsstrategien anzuwenden, indem es konstruktiv mit seiner Realität umgeht: der Fehler als Freund.
- *Autonomer Charakter:* Mit jedem Material erwerben die Kinder spezifische Kenntnisse und Erfahrungen. Durch Vergleichen und Kombinieren der Materialien wird ihr Wissen erweitert, und ihre Denkprozesse werden angeregt. Dem Kind werden Mittel und Methoden an die Hand gegeben, mit deren Hilfe sie die Welt entschlüsseln sowie frei und verantwortlich handeln können.

Autonomie

- *Schlüsselfunktion:* Erworbene Kenntnisse werden auf die Lebenswelt des Kindes übertragen.
- *Bewegungsfreude:* Die Vorbereitete Umgebung berücksichtigt die Bewegungslust und Spontaneität des Kindes. Sie unterstützt den Aufbau des Körperschemas, die Harmonisierung und Verfeinerung von grobmotorischen und feinmotorischen Bewegungen sowie die Auge-Hand-Fuß-Koordination. Die Verbindung von Bewegung und Sinneseindrücken bildet die Grundlage der geistigen Entwicklung.

Die Rolle der Pädagogin

Pädagogen als Lernbegleiter

Die Pädagogin steht als Lernbegleiterin jederzeit zur Verfügung. Ihre wichtigste Aufgabe ist das Beobachten, d. h. sie verhält sich abwartend und ohne zu werten. Denn man muss das Kind beobachten, um seine Aktivitäten und seine Entwicklung zu kennen (vgl. Klein-Landeck / Pütz 2011: 51). Es geht darum, die inneren Leidenschaften und Bedürfnisse des Kindes zu erkennen. Auf der Grundlage der Beobachtung setzt sie Impulse, die den momentanen Interessen (in Übereinstimmung mit den »sensiblen Phasen«) sowie dem aktuellen Wissens- und Fähigkeitsstand des Kindes entsprechen. Sie unterstützt das Kind dabei, sich mit Herausforderungen auseinanderzusetzen und Tätigkeiten zu wählen, in die es eintauchen kann und die es erfüllen. Eine komplexe und anspruchsvolle Aufgabe!

Zur Beobachtung gehört auch das Dokumentieren individueller Lernfortschritte sowie des Arbeits- und Sozialverhaltens. Die Beobachtungsergebnisse unterstützen die Überprüfung der Vorbereiteten Umgebung. Wie die Dokumentation der Beobachtungen konkret erfolgt, liegt jedoch in der Verantwortung der Pädagogin. Im Vordergrund stehen der Blick auf das Kind sowie die Reflexion und der Austausch im Team.

Dokumentation

Winterzeit: eine Herausforderung für jede Erzieherin, wenn sich 26 Kinder in einem engen Garderobenraum in ihre Winterkleidung zwängen. Amelie (4 Jahre) hat zu Weihnachten einen neuen Schneeanzug bekommen. Sie nimmt den Anzug vom Haken der Garderobe und betrachtet ihn intensiv von allen Seiten. Die Erzieherin fordert sie auf, sich anzuziehen. Doch Amelie scheint in die Betrachtung ihres Anzuges völlig versunken. Die anderen Kinder gehen eins nach dem anderen nach draußen. Amelie bleibt zurück und breitet das Kleidungsstück auf dem Boden in der nun freien Garderobe aus. Sie setzt sich auf ihren Anzug, schiebt die Arme und die Beine hinein. Dann schließt sie den Reißverschluss, steht auf und zieht sich ihre Schuhe und Handschuhe an. Alles geschieht langsam, aber überlegt und selbsttätig. Lernen nach eigenem Antrieb: »Das Gras wächst nicht schneller, wenn man daran zieht.«

Trinomische Kuben

Römische Brücke

3.3 Sensible Phasen

»Sensible Phasen« (oder »sensible Perioden«) sind Zeitabschnitte (Zeitfenster) in der Entwicklung des Kindes, in denen es für bestimmte Eindrücke und damit auch für den Erwerb bestimmter Kompetenzen besonders empfänglich ist. In der pädagogischen Praxis gibt es immer wieder Situationen, in denen sich Kinder intensiv und immer wieder von Neuem mit bestimmten Tätigkeiten beschäftigen. Jeder dieser Zeitabschnitte zeichnet sich durch eine spezifische »innere Energie« aus, eine erhöhte Fähigkeit und Bereitschaft, etwas Bestimmtes zu lernen. In der jeweiligen sensiblen Phase geschieht das Lernen mit großer Leichtigkeit, sodass das Kind beim Erwerb der jeweiligen Fähigkeit, die gerade »dran« ist, oft sehr rasche Fortschritte macht.

Innere Energie

In den ersten drei Lebensjahren durchlebt das Kind beispielsweise sensible Perioden für Bewegung, Ordnung und Sprache. In der sensiblen Periode für Sprache sind Kinder besonders empfänglich für Laute und für die Sprachmelodie.

Der Verlauf der Phasen ist individuell unterschiedlich. Daher soll die Pädagogin die Kinder nicht nur individuell beobachten, sondern die Umgebung auch je nach den Bedürfnissen des einzelnen Kindes gestalten bzw. individuelle Lernanreize schaffen.

Individueller Verlauf

Die Perioden sind nicht von außen steuerbar – das Kind ist der »Baumeister seiner selbst«, es ist aktiv lernend von Geburt an. Der innere Drang zum Lernen zeigt sich in der Neugier der Kinder und im Interesse an all dem, was sie umgibt.

Kind mit Material

Prinzip der freien Wahl

Lernen in sensiblen Perioden bedeutet immer ein individualisiertes Lernen, da jedes Kind auf eine andere Art und zu einer anderen Zeit sich Dinge aneignet. Daher gehört die freie Wahl der Arbeit bzw. des Spiels zu den zentralen Prinzipien der Montessori-Praxis. Das Kind bestimmt sein eigenes Lerntempo und sucht seinen Arbeitsplatz sowie evtl. seinen bzw. seine Partner frei aus. Durch die freie Wahl der Tätigkeit hat jedes Kind die Möglichkeit, seinen Interessen – und damit auch den der jeweiligen sensiblen Periode entsprechenden inneren Antrieben – zu folgen. Eigenmotiviertes Lernen unterstützt die Entfaltung der im Kind angelegten Fähigkeiten und geschieht ohne direkte Anleitung des Erwachsenen – allerdings in einer Umgebung, die in ihrer klaren Strukturiertheit und Sachlogik den sensitiven Entwicklungsphasen entspricht (indirekte Erziehung). Ein solches pädagogisches Handeln ermöglicht persönliche Erfolgserlebnisse und vermeidet unnötige Frustrationen, die aus Über- oder Unterforderung entstehen.

Darüber hinaus sind die sensiblen Perioden zeitlich begrenzt. Wenn sie nicht genutzt werden – besser gesagt: wenn das Kind nicht die Freiheit und die Möglichkeit hat, sie zu nutzen –, wird das Erlernen der jeweiligen Fähigkeit oder Fertigkeit (beispielsweise Sprache oder Schrift) ungleich schwieriger.

Zeitfenster

3.4 Die Polarisation der Aufmerksamkeit

Den Zustand, den sie »Polarisation der Aufmerksamkeit« nennt, beschreibt Montessori als eine Bündelung aller leiblich-seelischen Kräfte, die eintritt, wenn sich das Kind (bzw. der Mensch überhaupt) selbstvergessen in eine Arbeit zu versenken vermag. Sie beobachtete in ihrem Kinderhaus im römischen Stadtviertel San Lorenzo ein etwa 3 Jahre altes Kind, das mit einem Einsatzzylinder arbeitete. Das Mädchen räumte die Zylinder aus und ein, und zwar viele Male hintereinander. Montessori begann zu zählen, doch das Kind ließ sich nicht ablenken. Sie bat andere Kinder, sich um den Tisch zu versammeln und zu singen, und hob außerdem noch den Stuhl des Kindes auf den Tisch. Das Mädchen nahm den Block, stellte ihn auf die Stuhllehne, legte die Zylinder in den Schoß und fuhr unbeirrt mit ihrer Tätigkeit fort, ohne sich von all den »Störfaktoren« beirren zu lassen. Montessori beobachtete, dass das Mädchen die Einsatzzylinder insgesamt 44-mal ein- und ausräumte. Das Kind war nach dieser langen Zeit der Konzentration weder müde noch erschöpft, sondern fröhlich und ausgeruht.

Entdeckung des Phänomens

Die Anzahl der Wiederholungen ist dabei allerdings nicht entscheidend. Wichtiger ist die Tatsache, dass niemand dem Kind gesagt hat: »Mach dieses Spiel noch mal«, oder: »Wie oft schaffst du es?« Vielmehr hat das Kind aus eigenem Antrieb gehandelt, und die Motivation lag allein im Tun selbst.

Die Einsatzzylinder

Bei den Einsatzzylindern handelt es sich um vier Blöcke mit jeweils zehn Zylindern. In Block eins verändern sich die Zylinder in einer Dimension: Der Durchmesser bleibt gleich, die Höhe nimmt gleichmäßig ab. In Block zwei variieren die Zylinder hinsichtlich des Durchmessers – eine zweite Dimension. In Block drei nehmen Höhe und Durchmesser gleichmäßig ab – beide Dimensionen zusammen. In Block vier kommt zur Kombination beider Dimensionen noch ein Element der Gegenläufigkeit hinzu: Die Höhe der Zylinder nimmt gleichmäßig ab und der Durchmesser gleichmäßig zu.

Kinder verfügen, ihrem inneren Bauplan gehorchend, über einen Impuls, der sie zum aktiven Handeln ermutigt. Dieser Impuls wird behindert, wenn Kinder mit Angeboten beschäftigt werden, die der Erwachsene vorgibt und die nicht ihrem momentanen Interesse entsprechen. Das Handeln eines Kindes sollte von äußeren Zwecken frei und somit eigenaktiv sein. Fantasie, Abstraktionsfähigkeit, Selbstbewusstsein sowie vorausschauendes und solidarisches Handeln werden dabei ebenso entwickelt wie Frustrationstoleranz, Kooperationsfähigkeit, Kreativität und die Fähigkeit zum Perspektivenwechsel.

Aktivität von innen heraus

Kinder, die in eine Tätigkeit vertieft sind, vergessen schnell, was um sie herum geschieht, sie sind ganz bei sich. Auch Erwachsene erleben diesen Zustand der Vertiefung in eine Beschäftigung. Im Rahmen seiner Doktorarbeit zur Kreativität beobachtete der ungarisch-amerikanische Psychologe Mihaly Csikszentmihalyi bei Malern und Bildhauern das gleiche Phänomen wie Montessori in San Lorenzo. Er entdeckte, dass die Künstler mit hoher Konzentration und großer Hingabe über viele Stunden an ihren Werken arbeiteten. Dieses Erleben bezeichnet man (im Anschluss an Csikszentmihalyi) auch als Flow. Wer »im Flow« ist, ist glücklich. Sobald die Bilder/Skulpturen fertig waren, verloren die Künstler das Interesse am fertigen Produkt. Durch Befragung der Künstler fand Csikszentmihalyi heraus, dass Belohnungen wie Ruhm oder hoher Verdienst nicht die Beweggründe für das ausdauernde Arbeiten waren. Es ging um das Tun selbst, das Ausführen der Tätigkeit und die Freude daran. Auch bei Musikern und Sportlern kam Csikszentmihalyi zu einem ähnlichen Ergebnis, nämlich dass eine intrinsische (d. h. in der Tätigkeit selbst liegende) Motivation der Auslöser des selbstvergessenen Tuns ist.

Flow

Das Flow-Phänomen, wie es Csikszentmihalyi beschreibt, ist in der Sache dasselbe wie das, was Maria Montessori »Polarisation der Aufmerksamkeit« nennt. Das gute und erfüllende Gefühl gibt der Tätigkeit ihren Reiz. Die Wünsche und Bedürfnisse des Kindes und der Reiz der Ausführung entsprechen sich. »Die Tätigkeit selbst bietet ständig Herausforderungen. Es bleibt keine Zeit für Langeweile oder Sorgen darüber, was möglicherweise eintreffen kann« (Csikszentmihalyi 1993: 58).

Merkmale der Polarisation der Aufmerksamkeit sowie Bedingungen, die sie begünstigen

- Das Kind konzentriert sich, findet die innere Mitte und geht in der Tätigkeit auf.
- Das innere Bedürfnis des Kindes ist auf einen Gegenstand gerichtet.
- Die Umgebung ist abgestimmt auf die Entwicklungsbedürfnisse des Kindes.
- Es besteht eine Übereinstimmung zwischen der aktuellen Fähigkeit des Kindes und der Anforderung (Stichwort: Isolierung der Schwierigkeit).

Einige Beispiele sollen nun das Phänomen der Polarisation der Aufmerksamkeit konkreter anschaulich machen.

Beispiele

Konzentriert ordnet Hanna 40 Zylinder. Sie sucht Zylinder, die den gleichen Durchmesser haben, indem sie die Zylinder aneinanderhält und genau vergleicht. Dabei ergeben sich Gruppen von immer drei Zylindern mit gleichem Durchmesser. Diese »Dreiergruppe« umlegt sie mit einem Wollfaden. Auf einmal stutzt Hanna, als sie bemerkt, dass noch ein vierter Zylinder den gleichen Durchmesser hat. Sie vergleicht ihn erneut, auch mit den anderen beiden; dann schaut sie auf die Menge der ungeordneten Zylinder, vergleicht und findet noch einen fünften mit gleichem Durchmesser. Sie schaut weiter und hat schließlich 13 Zylinder mit gleichem Durchmesser gefunden. Hanna wirkt zufrieden, lächelt und sucht weitere Gruppen. Erst nach 45 Minuten scheint sie gesättigt zu sein und beendet ihre Arbeit.

Kommentar: Die Materialien geben eine eindeutige Orientierung, da sie eine Fehlerkontrolle beinhalten.

Zylinder

Die Kinder haben die braunen Quader zur Treppe geordnet, die Größenunterschiede sind sichtbar. Mit dem dünnsten Quader können die Größenunterschiede nachgemessen werden. Bei den Dimensionsmaterialien dient das »Maß der Veränderung« der Selbstkontrolle. Genaues Vergleichen führt außerdem zu hoher Konzentration und kann eine Polarisation der Aufmerksamkeit bewirken.

Kommentar: Die »Isolierung der (einzelnen) Sinne« oder die »Isolierung eines Reizes« hilft dem Kind, die Dinge zu begreifen.
Die Zeit wird anders erlebt als gewöhnlich.

Nina und die Braune Treppe

Kurze Ketten

Julius arbeitet mit den farbigen Kurzen Ketten. (Perlenketten stimmen auf das rhythmische Zählen ein und bereiten indirekt auf das Multiplizieren und Potenzrechnen vor.) Er legt die Ketten einzeln aus, ordnet die Pfeile an und beginnt zu zählen. Die Umgebung und was um ihn herum geschieht, scheint ihn nicht mehr zu interessieren. Leona läutet die Glocke und kündet das Ende der Freiarbeit an. Julius nimmt das Läuten nicht wahr, arbeitet weiter, jetzt schon 45 Minuten. Die anderen Kinder räumen ihre Arbeit weg, Stühle werden gerückt. Davon nimmt Julius keine Notiz. Leona tippt ihn sanft und dann ein wenig fester auf die Schulter und sagt: »Julius, wir wollen doch in den Wald.« Der Junge scheint aus einer anderen Welt aufzutauchen und schaut Leona an: »Ist die Freiarbeit zu Ende?«

Kommentar: Das Kind erlebt hier etwas, was man als ein »Verschmelzen mit der Tätigkeit selbst« bezeichnen könnte.

Oliver ist damit beschäftigt, einen Faden durch die Öffnung einer Nadel zu führen: eine gar nicht so leichte Aufgabe, da der Faden immer wieder abrutscht. Oliver gibt nicht auf und versucht es erneut, und schließlich ist das Einfädeln gelungen. Er verknotet den Faden, dabei bewegt sich seine Zunge vom einen zum anderen Mundwinkel. Er ist hoch konzentriert. Marlene und Anastasia, die ebenfalls am Handarbeitstisch sitzen, unterhalten sich angeregt und versuchen Oliver ins Gespräch einzubeziehen. Dieser aber lächelt nur freundlich und wendet sich seiner Webarbeit zu. Der Faden ist verwebt, und er wählt weitere Farben. Nach 30 Minuten schaut er auf, streicht zärtlich über seinen Webrahmen und sagt: »Das sind schöne Farben.«

Handarbeiten

Förderliche Bedingungen

Die Vorbereitete Umgebung ist eine Umgebung, die es dem Kind ermöglicht, in Freiheit seine Wahl zu treffen.
Die Haltung der Pädagogin soll wertschätzend, liebevoll und motivierend sein.

»Eine schöne Umgebung, die das Kind leitet und die ihm die Mittel bietet, seine Kräfte zu üben, kann der Lehrerin auch erlauben, zeitweilig abwesend zu sein. Mit der Schaffung einer solchen Umgebung haben wir bereits einen großen Fortschritt verwirklicht« (Montessori 2011: 73).

Tomeo kommt morgens in die Gruppe. Er sucht die Nähe der Erzieherinnen und beobachtet das Gruppengeschehen. Tomeo wird aufgenommen und bekommt Zeit, sich zu orientieren. Dann bietet ihm die Erzieherin an, gemeinsam nach einem Material zu suchen. Tomeo ist einverstanden und macht sich nonverbal verständlich. Bei der ersten Tätigkeit sucht er die gelegentliche Unterstützung der Erzieherin für die Vollendung der Handlung. Auf seinen fragenden Blick bekommt er Antwort und wird in seinem Handeln dann zunehmend selbstständiger. Danach packt Tomeo das Material weg und beobachtet eine Weile das Geschehen im Raum.

Dann nimmt er sich zusammen mit der Erzieherin ein Tablett aus dem Bereich der Übungen des praktischen Lebens: Wasser gießen. Tomeo scheint diese Übung bekannt zu sein, denn er setzt die Handlungsabläufe sicher um. Er zieht die Schürze an und beginnt unmittelbar mit dem Umgießen der Flüssigkeit von einem Gefäß in das andere. Zunächst geht sein Blick noch in den Raum, besonders auch zu uns unbekannten Beobachtern, dann ist sein Fokus ausschließlich bei seiner Tätigkeit. Tomeo gießt hin und her, gießt in verschiedene Gefäße, wischt nach, wenn etwas Wasser danebenläuft. Dann gießt er die Flüssigkeit in das kleinste Gefäß, welches ganz voll wird. Tomeo kontrolliert, ob er noch mehr hineinfüllen kann, indem er den Wasserstand mit dem Zeigefinger erfühlt. Er ist ganz fokussiert auf seine Tätigkeit, ganz vertieft, reagiert kaum auf Außengeräusche, ist mit dem Blick bei der Tätigkeit seiner Hände. Die Hände sind in Bewegung, die Augen folgen ihnen (Auge-Hand-Koordination). Tomeo sucht sich immer wieder ein anderes Gefäß und gießt sämtliches Wasser von einem Krug in den anderen. Dann beginnt er zu variieren und verteilt die Wassermenge auf unterschiedliche Gefäße. Danach gießt er alles wieder zusammen. Nach wie vor ist er auf sein Tun fokussiert, die hüpfenden Kinder im Raum stören ihn nicht. Nach einer Viertelstunde intensiver

Wasser gießen

Arbeit geht er mit dem Blick wieder in den Raum, guckt gelegentlich zu uns und sucht den Blickkontakt zu seiner Erzieherin. Er arbeitet noch ein paar Minuten und scheint wieder »aufzutauchen«. Nach etwa 20 Minuten steht er auf, zieht sich die Schürze aus und legt sie über den Stuhl. Er hat seine Arbeit beendet. Zunächst beobachtet er die anderen Kinder und sucht kurz Blickkontakt zur Erzieherin, dann geht er in den anderen Raum und holt ein Buch.

Hier werden die Phasen der Polarisation der Aufmerksamkeit deutlich:
1. Finden der richtigen Tätigkeit und Vorbereitung der Situation
2. »große Arbeit« und Versunkenheit, bis eine Sättigung eintritt
3. anschließende Reflexion.

Wirkungen

Besonders die Auswirkung der intensiven Beschäftigung war in diesem Fall beeindruckend: Das Kind wirkte danach gestärkt und zufrieden sowie ganz bei sich. Der Junge ging selbstständiger und sicherer in den Raum, brachte sich in Interaktionen ein, begann zu sprechen und beteiligte sich an gemeinsamen Beschäftigungen mit den anderen Kindern. Ich hatte den Eindruck, dass man ihn bei seiner großen Arbeit regelrecht wachsen gesehen hat.[5]

5 Der Fallschilderung liegen Notizen von Ute Keck, Diplomlehrgang Berlin 2012–2014, zugrunde, die im Anschluss an eine Hospitation im Montessori-Kinderhaus St. Nikolaus in Dürscheid niedergeschrieben wurden.

4.

Das Material als Schlüssel zur Welt

Das vierte Kapitel führt in die Vielfalt des Montessori-Materials ein und erläutert (an einem ausgewählten Beispiel) dessen Funktionen und Einsatzmöglichkeiten.

10 % behalten wir von dem, was wir lesen.
20 % behalten wir von dem, was wir hören.
30 % behalten wir von dem, was wir sehen.
50 % behalten wir von dem, was wir sehen und hören.
70 % behalten wir von dem, was wir selber sagen.
90 % behalten wir von dem, was wir selber tun.

4.1 Die Bedeutung der Sinnestätigkeit

Die französischen Ärzte Jean Itard und Édouard Séguin gelten als Begründer der Heilpädagogik. Ihre Studien zur Bedeutung der Sinne für die geistige Entwicklung waren Montessori bekannt. Séguin hatte Materialien entwickelt, die die Sinnestätigkeit der Kinder fördern und Grundlagen der Mathematik sowie des Lesens und Schreibens vermitteln. Diese Materialien nutzte Montessori zur Behandlung behinderter Kindern im Rahmen ihrer Tätigkeit als Ärztin in der Uniklinik in Rom. Sie entwickelte ein Förderprogramm, das auf der Annahme basierte, dass das vorhandene geistige Potenzial der Kinder mithilfe von »Sinnesmaterial« – also Materialien, die speziell die Sinne anregen – gefördert werden könne, ungeachtet der gegebenen Beeinträchtigungen. Weitere Materialien entwickelte sie in ihrer Arbeit mit den Kindern im Kinderhaus in San Lorenzo. Diese Materialien haben ihren ursprünglichen Charakter auch heute noch nicht verloren und sind nach wie vor geeignet, Kinder in ihrer Entwicklung zu unterstützen.

Ursprung der »Sinnesmaterialien«

Im folgenden Abschnitt werden einige der von Montessori entwickelten Arbeits- bzw. Sinnesmaterialien und ihre Anwendung vorgestellt.

4.2 Sinnesmaterialien und ihre Anwendung

Die Sinnesmaterialien bewirken mehr als nur eine »Übung der Sinne«. Sie sind vielmehr ein fester Bestandteil der Vorbereiteten Umgebung. Kinder zeigen Interesse, wählen für sie passende Materialien aus, arbeiten damit und sammeln dabei Erfahrungen. Erst dann erfolgen sparsame Einführungen (Lektionen) durch die Pädagogin. Der richtige Zeitpunkt dazu sind die sensiblen Phasen des Kindes.

Rolle des Materials

Das Kind und die Pädagogin holen das Material gemeinsam von seinem Platz. So weiß das Kind später genau, wo sich das Material befindet, und kann es nach der Arbeit selbstständig wieder zurückbringen oder zu einem späteren Zeitpunkt selber holen.

Aspekte, die bei einer Einführung beachtet werden sollten, sind:

Einführung

- Lektionen zur richtigen Zeit ermöglichen das Verinnerlichen eines Materials.
- Atmosphäre und persönlicher Kontakt haben grundlegende Bedeutung.
- Auf dem Teppich oder dem Tisch liegt nur das Material.
- Der »Kontakt« zwischen Kind und Material sollte frei von Hindernissen sein.
- Die Einführung erfolgt in der Regel nur mit *einem* Kind, da Einzellektionen dem individuellen Entwicklungsstand (der jeweiligen sensiblen Phase) Rechnung tragen und der Kontakt mit dem Material dabei intensiver ist.
- Die Einführung geschieht ohne viele Worte dadurch, dass die Pädagogin den Umgang mit dem Material in angemessenem Tempo und mit präzisen Bewegungen vormacht. Die Aufmerksamkeit des Kindes wird auf das Material gelenkt.
- In der Regel wird bei einer Materialeinführung der vollständige Handlungsablauf gezeigt.
- Hat das Kind die Lektion verinnerlicht, werden die Rollen getauscht: Das Kind übernimmt die Tätigkeit, und die Pädagogin schaut ihm zu. Dann lässt sie das Kind selbstständig arbeiten, beobachtet es aber noch aus der Entfernung.
- Macht das Kind noch Fehler, wird es keinesfalls korrigiert: der Fehler als Freund. Falls nötig, wird die Einführung zu einem späteren Zeitpunkt wiederholt.
- Unsichere Kinder werden ermutigt, aber niemals gezwungen, eine Übung zu probieren.
- Ist das Kind sicher im Umgang mit dem Material, kann es zu Variationen und zur Kombination mit anderen Materialien angeregt werden.
- Erst nach langem und intensivem Umgang mit dem Material werden die gewonnenen Erfahrungen auch benannt. Das sinnliche Erfahren bildet die Grundlage für die Verinnerlichung von Wörtern.

4.3 Merkmale und Ziele der Sinnesmaterialien

Grundprinzipien

- Ein Prinzip der Konzeption der Materialien ist die »Isolierung der Sinne«: Jedes Sinnesmaterial spricht jeweils nur *einen* der Sinne speziell an.
- Ein anderes Grundprinzip heißt »Isolierung der Schwierigkeit«: Das Material zielt immer nur auf das Erlernen einer einzelnen Fähigkeit oder Fertigkeit, und danach sind die Anforderungen gestaltet, die es an das Kind stellt.
- Jedes Material enthält eine Fehlerkontrolle. Dadurch erhält das Kind eine Möglichkeit, vom Erwachsenen möglichst unabhängig zu werden.
- Unbewusste Eindrücke werden verinnerlicht und verarbeitet.
- Die Materialien führen von der äußeren zur inneren Ordnung. Indem das Kind Materialien ordnet, erfährt es Strukturen, die ihm helfen, sich selbst zu ordnen.
- Handlungen wie Vergleichen, Graduieren, Kontrastieren und Paaren entwickeln den Sinn für Ordnung.

- Wiederholungen und Kombinationen geben Sicherheit.
- Die Materialien fungieren als »Schlüssel zur Welt«, indem sie dem Kind helfen, die Eindrücke und Bilder, die uns umgeben, zu ordnen.

4.4 Sinnesmaterialien konkret

In diesem Abschnitt wird zunächst eine Reihe von Materialien genannt, geordnet nach ihrer didaktischen Funktion (4.4.1). Im folgenden Unterabschnitt (4.4.2) wird dann ein Beispiel, der Rosa Turm, exemplarisch im Detail vorgestellt.

4.4.1 Beispiele für Sinnesmaterialien

Beispiele für Sinnesmaterialien zur Unterscheidung von (räumlichen) Dimensionen (Fläche und Körper): *Raum*

- Rosa Turm
- Braune Treppe
- Rote Stangen
- Einsatzzylinder
- Farbige Zylinder.

Beispiele für Materialien zur Unterscheidung von Farben: *Farbe*

- Kasten mit Grundfarben
- Kasten mit Mischfarben
- Schattierungskasten.

Beispiele für Material zur Unterscheidung von Formen: *Form*

- geometrische und biologische Kommode
- konstruktive Dreiecke
- geometrische Körper
- geheimnisvoller Beutel
- Material zur Unterscheidung von Samenkörnern
- Perlen
- binomischer und trinomischer Kubus.

Beispiele für Material zur Unterscheidung von Oberflächen und Materialstrukturen: *Oberfläche*

- Tastbretter (rau – glatt)
- Tasttäfelchen (grob – fein)
- Kasten mit Stoffen
- Fühlmemory.

Beispiel für Material zur Unterscheidung von Gewichten:
- Gewichtsbretter.

Töne

Beispiele für Material zur Unterscheidung von Geräuschen und Tönen:
- Geräuschdosen
- Glocken.

Geruch und Geschmack

Beispiele für Material zur Unterscheidung von Gerüchen:
- Geruchsdosen
- Geruchsgläser
- Geruchssäckchen.

Beispiel für Material zur Unterscheidung von Geschmacksqualitäten:
- Geschmacksgläser.

Beispiele für Material zur Unterscheidung von Wärmequalitäten:
- Wärmekrüge
- Wärmeleittäfelchen.

4.4.2 Der Rosa Turm

Beschreibung

Der Rosa Turm besteht aus zehn rosafarbenen Kuben (Würfeln) aus massivem Holz, die sich in regelmäßigen Abständen in ihren drei Dimensionen (Höhe, Breite, Tiefe) verändern. Der kleinste Kubus hat eine Kantenlänge von 1 cm und der größte von 10 cm. Der Rosa Turm kann bei Kindern ab 3 Jahren eingesetzt werden.

Ziele

Wesentliche Ziele der Arbeit mit dem Rosa Turm sind:
- Wahrnehmung von Größenunterschieden
- Begriffsbildung: groß – klein, groß – größer – am größten; klein – kleiner – am kleinsten; größer als – kleiner als; der Größte – der Kleinste
- Schulung der Motorik (Koordination der Bewegung)
- Kennenlernen von Ordnungsstrukturen
- Vermittlung von mathematischen und sprachlichen Grunderfahrungen (Ordnen, Klassifizieren, Abstufungen, Legen von Mustern).

Der Turm hat einen festen Platz in der Vorbereiteten Umgebung. Kubus um Kubus wird er von diesem Platz auf den Arbeitsteppich getragen. Durch das Tragen der einzelnen Kuben erfährt das Kind – über die Bewegung – die unterschiedlichen Größen. Ein indirektes Ziel ist der achtsame Umgang mit dem Material.

Die Kuben werden ungeordnet auf dem Teppich abgelegt. Durch das Vergleichen der Kuben gibt die Pädagogin dem Kind eine Ordnungsstruktur, die es diesem ermöglicht, die

Unterschiede zu erkennen. Sie fasst mit beiden Händen den größten Kubus und setzt ihn vor das Kind. Durch Vergleichen der anderen Kuben bestimmt sie den nächsten, indem sie zuerst zwei Kuben wählt, die sich optisch deutlich in ihrer Größe unterscheiden (nach dem Prinzip: Vom Leichten zum Schweren).

Einsatz des Materials

Die Kuben werden dann von oben aufgesetzt unter Beachtung eines gleichen Abstandes nach allen Seiten.

Nach dem Aufsetzen eines jeden Kubus streicht die Pädagogin von unten nach oben mit den Händen über den entstehenden Turm. Dadurch wird der Aufbau sinnlich wahrgenommen. (Der Turm wächst nach oben, so wie ein Kind wächst.)

Ist der Turm aufgebaut, wird das Kind angeregt, den Turm ebenfalls von unten nach oben sinnlich wahrzunehmen, indem es mit den Händen darüberstreicht. Danach bauen Pädagogin und Kind im Wechsel die Kuben ab und legen sie auf den Teppich. Das Kind wird ermutigt, die Übung zu wiederholen.

Fehlerkontrolle

Ist die vorgegebene Ordnung im Aufbau nicht berücksichtigt, so ist dies zu sehen und zu tasten, also optisch und haptisch erfahrbar.

Weitere Übungen / Variationen

- Die Grundübung kann nicht nur in vertikaler, sondern auch in horizontaler Richtung ausgeführt werden.
- Die Kuben werden so aufeinandergesetzt (oder aneinandergelegt), dass eine Ecke und zwei Seiten von jedem neu hinzukommenden Kubus mit denen der darunterliegenden (bzw. vorangehenden) Kuben »übereinstimmen«. Der kleinste Kubus wird in den auf jeder »Etage« entstehenden freien Raum eingefügt. So kann das Kind eigenständig

Variation

die Größenunterschiede überprüfen (Fehlerkontrolle).

- Die Kuben werden so aufeinandergesetzt, dass der nächste bis zum Mittelpunkt des vorhergehenden reicht, und zwar abwechselnd nach rechts und links.
- Die Kuben werden so aufeinandergesetzt, dass eine Ecke des jeweils hinzukommenden Kubus beim Mittelpunkt des darunterliegenden liegt.
- Die Reihe der Kuben von 10 bis 1 wird unterbrochen, indem ein Kubus aus der Reihe genommen wird oder indem Kuben vertauscht oder weggebracht werden. Das Kind erkennt die Disharmonie und stellt die Ordnung wieder her.
- Der Turm wird mit verbundenen Augen aufgebaut.
- Die vorgegebene Ordnung (10–1) kann unter Berücksichtigung der Harmonie in vertikaler und horizontaler Richtung verändert werden – zum Beispiel: 10-1-9-2-8-3-7-4-6-5; 10-5-9-4-8-3-7-2-6-1-5; 10-8-6-4-2-1-3-5-7-9
- Der Rosa Turm kann mit der braunen Treppe und den Roten Stangen kombiniert werden.
- Gruppenspiele, zum Beispiel: Zehn Kinder halten je einen Kubus hinter ihrem Rücken versteckt. Wer hat den Kubus, der das Fundament des Turmes bildet? Dieses Kind stellt den Kubus auf den Teppich. Wer hat den Kubus, der als Nächster auf diesen passt? Und so weiter.

Nach den Variationen im Spiel folgen Wortlektionen (vgl. Abschnitt 6.4).

4.4.3 Der Rosa Turm als Sinnesmaterial und als Mittler zwischen Kind und Welt

Didaktische Funktion

In diesem Unterabschnitt geht es nun um die didaktische Funktion des Rosa Turms: Es werden überblickshaft die (Entwicklungs-)Bereiche genannt, in denen dieses Material zum Erwerb und Ausbau von Kompetenzen beitragen kann.

Motorik

- Grobmotorik: gehen, holen, ablegen
- Feinmotorik: Hand-Hand- und Auge-Hand-Koordination
- Sensomotorik: Gleichgewicht und Bewegung

Wahrnehmung

- Größenunterschiede
- Form
- Farbe
- Gewicht
- Linien
- rechter Winkel, quadratische Fläche
- Oberflächenglätte

soziales Lernen

- Nachahmung
- Kooperation mit der Erzieherin
- Partner- und Gruppenspiele
- Absprachen
- Regeln einhalten
- Zuverlässigkeit (Turm zurückbringen)
- Disziplin als Selbstkontrolle
- selbstorganisiertes Handeln

Kognition

- Erkennen / Wiedererkennen (Identifikation)
- Analyse / Synthese
- unterscheiden / vergleichen
- Seriationen: vom Kleinsten zum Größten und umgekehrt
- Kombinationen
- Konstruktionen mit anderen Materialien wie der Braunen Treppe
- Mathematische Grundförderung: Menge 1–10, mathematische Formen
- autonome Fehlerkontrolle / Urteilen über richtig und falsch: kleinster Kubus als objektives Kriterium zur Selbstkontrolle

emotionale Bildung

- Konzentration
- Wille
- Ausdauer
- Motivation
- Selbstdisziplin, Pflichtgefühl
- Sachlichkeit
- warten, bis man sprechen bzw. spielen darf
- zuhören
- stilles Beobachten
- planen
- Selbstorganisation

Sprache

- groß – klein
- klein – kleiner
- kleiner als – größer als
- groß – größer – am größten
- der Kleinste – der Größte.

4.4.4 Fallbeispiel: Florian geht seinen Weg

Florian ist ängstlich, zurückhaltend, behütet, orientierungslos. Zu Hause hat er nur wenige Möglichkeiten, selbstständig zu handeln und Dinge auszuprobieren. Florian zeigt großes Interesse an seiner neuen Umgebung. Er beobachtet, und seine Mimik verrät, dass er handeln möchte, es sich aber noch nicht zutraut. *»Wie ein Kind nicht sagt, dass es nicht wachsen will, so sagt es auch nicht, dass es nicht lernen will«* **(Hans Elsner).**

Florian braucht viel Bewegung, redet laut und ist überall dabei. Aber er ist leicht zu motivieren, probiert aus, schaut bei Einführungen aufmerksam zu, wiederholt, entwickelt weiter und lässt sich auf Partnerspiele ein. Ein Besuch der Frühförderstelle steht an. Die Heilpädagogin ist irritiert, als Florian die Kuben des »Rosa Turms« einzeln, langsam und sorgfältig aus dem Regal nimmt und auf den Teppich legt. Arbeit mit dem »Rosa Turm« ist nach ihrer Ansicht für das Kind nicht altersgemäß. Sie meint, Florian brauche Spiele zur Raumorientierung. Florian baut den Turm in die Höhe, baut ihn achtsam wieder ab und ordnet ihn vertikal an. Sonja kommt hinzu, und die beiden spielen eine Weile mit dem Turm. Abwechselnd versteckt ein Kind einen Kubus, schließt die Reihe und lässt das andere Kind benennen, wo ein Kubus fehlt. Sonja möchte frühstücken. Florian bittet die Pädagogin, mit ihm zu spielen. Sie setzt sich zu ihm und fragt ihn, wie viele Kuben auf dem Teppich liegen. Er zählt, während er jeden Kubus mit der Hand berührt, sicher bis zehn. Nun spielen die beiden: Kuben im Raum verteilen. Florian legt einen Kubus vor die Uhr, unter das Puppenhaus, hinter den Blumentopf, auf den Tisch, neben den Schrank. Auf die Frage: »Wo hast du den Kubus hingebracht?«, hat er die richtigen Antworten. Präpositionen werden im Spiel ganz einfach verinnerlicht.

Am nächsten Tag äußert Florian den Wunsch, den Turm mit nach Hause zu nehmen. Aber der Turm gehört allen Kindern im Kinderhaus, und deshalb kann er ihn nicht mitnehmen. Markus hat einen anderen Vorschlag: Die Kinder holen Papier und einen Bleistift und malen die Umrisse der Kuben auf Papier. In den nächsten Tagen sind sie damit beschäftigt, die entstandenen Vierecke auszumalen. Florian holt sich eine Schere. Mit viel Eigeninitiative und der Unterstützung von Markus gelingt es ihm, die Vierecke auszureißen bzw. mit der Schere auszuschneiden. Die Papiervierecke klebt er auf ein großes Blatt, und so kann er seinen »Rosa Turm« mit nach Hause nehmen.

Erkläre mir, und ich werde vergessen; zeige mir, und ich werde mich erinnern; beteilige mich, und ich werde verstehen (Quelle unbekannt).

5. Mathematik ist überall

Dieses Kapitel zeigt die vielfältigen Weisen, wie bei der Arbeit mit dem Montessori-Material mathematische Grundlagen gelegt werden: Die Kinder gewinnen ein Verständnis für »schöne Muster«, für Mengen- und Größenverhältnisse, für Zahlen und geometrische Formen.

»Mathematik wird als Wissenschaft von schönen Mustern aufgefasst, die man interaktiv erforschen, fortsetzen und erfinden kann« (Erich Wittmann).

5.1 Eine Welt der schönen Muster

Das Gestalten von Mustern ist bereits ein Thema von Krippenkindern. Sie sammeln, vergleichen und ordnen gerne: Steine, Muscheln, Holzstücke. Dabei entdecken sie Ähnlichkeiten, Reihungen, Muster und entwickeln im scheinbar zweckfreien Tun ihren mathematischen Geist. *Muster*

Montessori spricht vom mathematischen Geist des Kindes, der sich durch Exaktheit aufbaut. Dabei müssen Kinder mathematische Dinge noch nicht benennen können; sie erfahren sie, indem sie suchen, vergleichen, ordnen.

Möglichkeiten zum Sortieren und Formenlegen bietet eine ansprechende Dose mit unzähligen Knöpfen, die verschiedene Farben, Formen und Materialien aufweisen – eine Fundgrube für Kinder, mit der sie gerne, lange und ausdauernd spielen: gleiche Knöpfe zusammenlegen, ähnliche nach verschiedenen Kriterien sortieren. Winzige Unterschiede werden bedeutsam.

Legen von Mustern

Linda (3 Jahre) hat sich den Weidenkorb mit Legematerial geholt. Das ist ein Korb, in dem sich, in einzelne Fächern sortiert, geometrische Formen befinden: Kreise, Dreiecke, Rechtecke, Quadrate, Trapeze, außerdem kurze und lange Stäbe, Perlen und Glitzersteine. Seit Tagen wählt Linda immer wieder dieses Material. Sie legt die Formen auf den Teppich, ordnet Gleiches zu Gleichem, räumt ein und aus. Heute kommt Anastasia (5 Jahre) hinzu. Sie sagt zu Linda: »Jetzt zeig ich dir was«, und beginnt, aus den Materialien eine Blume zu legen. Diese Blume ist symmetrisch gebaut. Die beiden Mädchen legen weitere Muster. Dabei ist zu beobachten, dass die Symmetrie auch bei komplizierten Mustern eine Rolle spielt, wenn nicht mehr gegenständliche Muster, sondern das Legen von Fantasiemustern im Vordergrund steht. Das dazu notwendige Prinzip der Reihung wird deutlich. Die Kinder suchen und gestalten mit Ausdauer.

5.2 Mathematik und die Übungen des praktischen Lebens

Volumen

Bei Gieß- und Schüttübungen mit flüssigen oder festen Stoffen sammeln Kinder Erfahrungen von Volumen, indem sie diese Stoffe von einem Gefäß in ein anderes gießen bzw. schütten oder auf verschiedene Gefäße verteilen. Wann fließt der Sand oder das Wasser daneben? Wie oft passt der Inhalt des einen Gefäßes in ein anderes? Warum fließt die Flüssigkeit neben die Flasche, während sich das Wasser im Trichter noch staut?

Antonia (6 Jahre) arbeitet mit einem Tablett, auf dem sich fünf verschiedene Glasgefäße befinden – ein hohes, schmales Glas, ein halbhohes Glas, ein weites, flaches Glas, ein normales Trinkglas und ein Marmeladenglas –, außerdem eine Kanne, die mit genau 500 ml gefärbtem Wasser gefüllt ist, sowie eine kleine Kanne, die eine Markierung für 100 ml zeigt. Die Pädagogin gibt Antonia einen Auftrag: »Gieß immer die gleiche Menge Wasser in die einzelnen Gefäße. Dazu brauchst du die kleine Kanne, um genau die gleiche Menge in jedes Gefäß zu gießen.« Nachdem das Kind den Auftrag ausgeführt hat, fragt die Pädagogin: »Antonia, in welchem Gefäß ist mehr Wasser?« Das Kind zeigt auf das hohe Gefäß.

Erst mit etwa 7 Jahren können Kinder benennen, dass sich in allen Gefäßen die gleiche Menge Wasser befindet (Versuch nach Jean Piaget, 1896–1980).

Zahlen

Praktisches Zählen und erstes Rechnen erfahren Kinder beim Vorbereiten des Esstisches. Wie viele Plätze sind am Tisch, wie viele Löffel oder Messer werden gebraucht?

Leona, Aurelia und Franziska backen Plätzchen. Jede von ihnen braucht drei verschiedene Ausstechformen. Leona multipliziert drei mal drei, indem sie die Formen an Aurelia, Franziska und sich selbst verteilt und dabei addiert.

Julius (6 Jahre) und Jonas (5 Jahre) freuen sich über den frisch gefallenen Schnee. Jonas schaut auf seine Stiefel und fragt seinen Freund: »Wenn wir durch den Schnee laufen, fällt der dann da oben rein?« Julius überlegt angestrengt, dann läuft er ein Stück in den Schnee, kommt zurück, stellt seinen Fuß neben den von Jonas und sagt: »Schau, mein Stiefel ist nicht so hoch wie deiner, du kannst mitkommen.«

Können wir den Umfang unserer Kirche messen? Wir nehmen Seile, knoten eins an das andere und legen nachher das zusammengeknotete Seil aus. Wie viele Seile brauchen wir für unsere Kirche, und wie viele für den Kölner Dom? Anastasia kommentiert: »Der Dom ist viel dicker als unsere Kirche.«

Tobias und Paul arbeiten in der Bauecke. Der Turm von Paul ist am höchsten. Wie viele Steine braucht Tobias, um die gleiche Höhe zu erreichen? Herauszufinden, wann die beiden Türme gleich hoch sind, ist jetzt ein Spiel – ein Ausprobieren der beiden Jungen. Dieses Vergleichen bietet unbewusst – spielerisch – die Voraussetzung dafür, das Prinzip einer mathematischen Gleichung zu verstehen. Bauen ist ein ständiges Vergleichen, Ordnen, Ausprobieren, Addieren und Subtrahieren, Erfahren von Statik – auf spielerische Art.

Mathematik wird auch bei Bewegungsspielen erfahren: Kinder laufen einen Weg entlang; dabei brauchen sie Augenmaß, um den Weg abzuschätzen.

Jonas lehnt sich an einen Baum, und Fynn markiert mithilfe eines Kreidestücks seine Größe. Sie holen sich Kordel und messen die Länge nach, dann schneiden sie die Kordel entsprechend ab. Jonas bittet Marlena: »Stell dich mal an diesen Baum«, dann markiert er mit Kreide und misst mit dem Seil nach. Er gibt Marlena das Seil und ergänzt: »So groß bist du.« In diesem Moment kommt Anastasia, die ältere Schwester von Marlena, nimmt der Schwester das Seil aus der Hand, streicht es am Boden glatt und legt ein Metermaß daneben: »Marlena, so groß bist du: 80 cm.«

Quantität

Sinnesmaterialien vermitteln mathematische Grundstrukturen und ermöglichen dem Kind, Sachkenntnisse und deren Folgen zu ergründen. Besonders mithilfe folgende Materialien können Kinder ein mathematisches Grundverständnis ausbilden:

- Rosa Turm: Höhe (groß – klein)
- Braune Treppe: Umfang (dick – dünn)
- Rote Stangen: Länge (kurz – lang)
- Einsatzzylinder: Höhe, Tiefe, Durchmesser, Hohlraum, Körper.

Helene Helming spricht davon, dass sich viele Materialien durch ihren mathematischen Charakter von den lebendigen Dingen in der Natur abheben. Dadurch stehen sie zwar in Spannung zu diesen, aber deswegen keineswegs im Widerspruch (vgl. Helming 1998: 118).

5.3 Die Roten Stangen

Bei den Roten Stangen handelt es sich um zehn rote Holzstangen, deren kürzeste 10 cm lang ist. Die folgenden Stangen nehmen jeweils um 10 cm zu, sodass die längste Stange 100 cm = 1 m misst. Die Stangen sind jeweils 2,5 cm breit und hoch.

Funktionen

Das Kind nimmt die unterschiedlichen Längen wahr und hat Freude an der Genauigkeit, wenn es die Stangen abschätzt, vergleicht und ordnet. Die Koordination der Bewegungen und damit die Entwicklung der Motorik wird dadurch ebenso gefördert wie die Wahrnehmung von Ordnungsstrukturen. Die Roten Stangen können auch dazu dienen, Gegenstände und Wege zu messen.

Kinder experimentieren mit den Stangen, indem sie diese aus dem Regal holen, auf den Teppich legen und wieder zurückbringen. Hierbei werden indirekt Längenunterschiede über Bewegung erfahren.

Jonas steht vor dem Regal mit den Sinnesmaterialien. Einem Impuls folgend geht er zum Teppichständer (einem Holzständer mit sechs gerollten Teppichen in verschiedenen Farben und mit einer Größe von 120 x 60 cm).

Jonas wählt einen blauen Teppich, sucht sich einen Platz im Raum, breitet den Teppich auf dem Boden aus und streicht ihn mit beiden Händen glatt.

Nun geht er zum Regal mit dem Sinnesmaterial, hockt sich hin und greift mit beiden Händen nach der längsten Roten Stange. Waagerecht trägt er sie zum Teppich und legt sie ab. Ebenso verfährt er auch mit den weiteren Stangen. Die Stangen liegen nun ungeordnet auf dem Teppich. Jonas greift die längste Stange mit beiden Händen und legt sie am oberen Rand des Teppichs ab. Er streicht mit einer Hand die Stange entlang und nimmt unbewusst deren Länge wahr. Nun schaut er auf die anderen Stangen, er schiebt,

Rote Stangen

vergleicht, sucht die nächstkürzere und legt diese an die obere Stange an. So setzt er seine Tätigkeit fort, bis alle Stangen geordnet von lang bis kurz vor ihm liegen. Das Kind schaut sich um und spricht Michael an: »Sollen wir mal das Labyrinth legen?« Michael geht zum Teppichständer und holt einen zweiten Teppich. Durch Vergleichen finden die Kinder zu einer neuen Ordnung, ein Labyrinth entsteht. »Wollen wir das Labyrinth auch schmücken?«, fragt Michael. Jonas nickt, und sie stellen auf die Kreuzungspunkte der Stangen (also die Ecken) Europafähnchen. Andere Kinder sind aufmerksam geworden und schauen sich das Labyrinth an. »Darf ich mal reingehen?«, fragt Katja. Michael nickt, und auch Jonas stimmt zu. Langsam, geradezu bedächtig beginnt Katja, Schritt für Schritt und Fuß vor Fuß hinein ins Labyrinth zu gehen. Die Kinder stimmen ein kleines Lied an: »Viele Schritte in die Mitte«. Katja geht ins Labyrinth hinein und wieder hinaus. Andere Kinder möchten nun diese Erfahrung auch machen: Mathematik rhythmisch im Gehen erfahren.

Labyrinth mit den Roten Stangen

Im Herbst sammeln die Kinder Kastanien. »Ich habe heute drei gefunden – ich habe fünf – meine ist dicker.« Vergleichen und Abschätzen – auch das ist mathematische Erfahrung. Anastasia und Emilie haben aus den Roten Stangen das Labyrinth gelegt, nun holen sie den Korb mit den Kastanien. Die Zwischenräume füllen sie mit den Kastanien aus, und danach heben sie vorsichtig die einzelnen Stangen hoch und legen sie zur Seite: eine motorische Leistung, da die Kastanien leicht ins Rollen geraten können. Aber schließlich wird im großen Kastanienmeer ein neues Labyrinth sichtbar: Mathematik als ein Spiel mit Mustern.

Variationen

Die Stangen vermitteln (wie auch diese Beispiele zeigen) mathematische Grundkenntnisse:

- Die Kinder können die Stangen stufenförmig anordnen.
- Sie können mit der kürzesten Stange die jeweilige Längendifferenz messen.

- Sie können die Stangen in umgekehrter Reihenfolge ordnen.
- Die Seitenabschlüsse können variiert werden, indem die Stangen versetzt gelegt werden.
- Die Stangen können übereinander zu einer Mauer angeordnet werden.
- Die Stangen können kreuzweise so aufeinandergelegt werden, dass ein Stern entsteht. Dies gelingt nur, wenn das Kind die Stangen genau in der Mitte ausbalanciert. Dadurch wird es auf den Mittelpunkt aufmerksam.
- Die Stangen können aufeinandergestapelt werden (Erfahrung von Statik).
- Ausgehend von der geordneten Reihe, wird eine Stange entfernt, und durch Aufschieben der Stangen wird die Lücke geschlossen. Das Kind erkennt die Disharmonie.
- Die Gesetzmäßigkeit »Veränderung von lang nach kurz« wird mit den Stangen in vielen Variationen erfahren.
- Dem Kind wird eine Stange gezeigt, und es gibt durch den Abstand seiner Hände die geschätzte Länge wieder.
- Jeweils zwei Stangen werden so zusammengelegt, dass die Kombination so lang ist wie die längste Stange. Die fünfte Stange bleibt übrig. Durch Umklappen wird hier erfahren: halb so lang (Hälfte).
- Alle Stangen werden so ergänzt, dass alle Kombinationen die gleiche Länge haben: 10+1; 9+2; 8+3; 7+4; 6+5. Es entstehen fünf gleiche Längen, daraus kann ein Fünfeck gelegt werden.
- Die Kinder können mit den Stangen Gegenstände und Strecken messen.
- Unter Berücksichtigung der Harmonie kann die vorgegebene Ordnung (10–1) verändert werden: 10-5-9-4-8-3-7-2-6-1 oder 0-1-9-2-8-3-7-4-6-5
- Das Augenmaß kann geschult werden, indem die Stangen nach dem Schema 2-4-6-8-10 angeordnet werden.
- Vielfältige Kombinationen sind möglich mit dem Rosa Turm, der Braunen Treppe, den Einsatzzylindern und den Farbigen Zylindern. Dadurch wird die Arbeit mit genormten Maßeinheiten vorbereitet.

Wortlektion: Folgende Wörter können beispielsweise mithilfe der Roten Stangen erlernt werden:
lang / kurz
lang – länger – am längsten
kurz – kürzer – am kürzesten
die längste / die kürzeste (Stange)
länger als / kürzer als.

Transfer Die mit den Roten Stangen gewonnenen Erfahrungen lassen sich in vielfältiger Weise auf den Alltag übertragen, beispielsweise beim Längenvergleich bei Seilen, Stiften, Wollfäden, Wegen usw.

5.4 Vergleichen und Experimentieren

Franziska (3 Jahre) arbeitet mit den Kuben des Rosa Turms. Sie baut einen Kubus nach dem anderen auf den vorhergehenden. Vertieft in ihr Tun, freut sie sich, als sie schließlich alle 10 Kuben aufeinandergestapelt hat. Für Franziska steht die Freude am Tun im Vordergrund, und nebenbei erfährt sie etwas über die arithmetische Folge erster Ordnung.

Kleine Kuben zum Rosa Turm

Zum Rosa Turm gibt es auch noch ein Ergänzungsmaterial, nämlich die Kleinen Kuben. Das ist ein Holzkasten mit 1000 unlackierten Holzkuben (je 1 ccm), mit denen die Kuben des Rosa Turms nachgebaut werden können.

Fynn (6 Jahre) hat sich den Kasten mit den kleinen Kuben geholt. Er setzt den kleinsten rosafarbenen Kubus neben einen Holzkubus. Dann nimmt er den zweitkleinsten Kubus des Rosa Turms. Vorsichtig baut er mit den Holzkuben diesen Kubus nach und bemerkt: »Vier.« Er nimmt den nächsten rosafarbenen Kubus und baut auch diesen mit den Holzkuben nach. Er zählt: vier mal vier. Addition und Multiplikation – Mathematik wird so elementar erfahrbar.

5.5 Der Zahlenbereich von 0 bis 10

5.5.1 Numerische Stangen

Die Stangen entsprechen in ihrer Länge den Roten Stangen, sie unterscheiden sich von ihnen jedoch dadurch, dass sie in rote und blaue Abschnitte (von jeweils 10 cm Länge) unterteilt sind. Dadurch wird die visuelle Wahrnehmung geschult. Jeder Stange wird ein Zahlenwert zugewiesen: Die »1« besteht aus einem roten Abschnitt, die »2« aus einem roten und einem blauen Abschnitt usw. *Beschreibung*

Durch Ordnen erfährt das Kind, wie die Zahlenreihe um jeweils eine Einheit (10 cm) anwächst.

Das erste Zählen von 1 bis 10 wird bei dieser Übung verknüpft mit dem Erlernen der Mengen- und Zahlenbegriffe von 1 bis 10.

Der Zahlenwert (also der jeweilige Name der Stange) wird durch eine Drei-Stufen-Wortlektion eingeführt.

Einsatzmöglichkeiten

Danach sind weitere Spiele möglich, wie beispielsweise:
»Gib mir bitte die Stange »4« und zähle laut nach.«
»Gib mir die Stange, die nach »4« kommt.«
»Gib mir bitte die Stange, die eins weniger als fünf ist!«
»Gib mir den Nachfolger/Vorgänger dieser Stange.
»Geh so viele Schritte, wie du Abschnitte auf der Stange erkennen kannst.«

Man kann auch zufällig eine Stange auswählen und sie vom Kind benennen lassen.

Das Kind kann zwei Stangen suchen, die zusammen 10 (oder 9, 8 usw.) ergeben (erstes Rechnen).

In einem weiteren Schritt kann dabei die Zehn auch überschritten werden (10+1, 9+2 usw.).

Wenn das Kind die Ziffern schon kennt, werden die Stangen mit den Ziffernbrettchen (Holzbrettchen, auf die rote Ziffern aufgemalt sind) kombiniert. Dabei geht es nun um die Zuordnung von Menge und Symbol.

Numerische Stangen

5.5.2 Sandpapierziffern

Die Sandpapierziffern sind Holztäfelchen, die grün oder rot bemalt sind. Auf sie sind die Ziffern von 0 bis 9 (aus Sandpapier) aufgeklebt.

Das Kind kann so die Ziffern (und damit die Verbindung von Namen und Zeichen) über den Tastsinn kennenlernen – eine Vorübung zum Schreiben von Zahlen.

Sandpapierziffern

5.5.3 Spindeln

Hierbei handelt es sich um einen Kasten, der in zehn Fächer aufgeteilt ist. Auf der Rückwand des Kastens stehen über den Fächern die Ziffern von 0 bis 9. Dazu gibt es 45 Spindeln, die gebündelt in den Fächern liegen – jeweils so viele, wie es der jeweiligen Ziffer entspricht.

Funktion

Erfahrungen auf dem Weg vom konkreten zum abstrakten Denken macht das Kind mit diesem Material, indem es die Bündel auflöst und die Spindeln einzeln in die Fächer des Kastens zählt. Die Zahlenfolge von 1 bis 9 wird, indem sie aufgelöst wird, leichter erfahrbar, und auch der Zahlbegriff »Null« wird im Handeln erfahren.

Teresa schiebt das Band von den gebündelten Spindeln und zählt die Spindeln einzeln in die Fächer. Alle 45 Spindeln sind verteilt, aber das Fach, an dem »0« steht, bleibt leer. Teresa ist irritiert, zählt nach. Dann holt sie aus den anderen Fächern Spindeln und zählt sie in das Fach mit der Null. Sie zählt und legt immer mehr Spindeln hinein, bis das Fach voll ist und die Spindeln danebenfallen. Teresa wendet sich an die Pädagogin. »Das Fach ist voll, es passen keine null Spindeln hinein, wann kommt ›null‹?« Die Pädagogin lässt Teresa die Ordnung wiederherstellen und sagt zu ihr: »Nun schauen wir mal, ob wir die ›Null‹ finden.« Teresa erhält verschiedene Aufträge, wie: »Hol mir bitte drei Buntstifte.« – »Stampf fünfmal mit dem Fuß auf.« Diese Aufträge führt das Kind mit Leichtigkeit aus. Nun bittet die Pädagogin um null Bleistifte. Teresa bringt eine Menge Stifte. Aber beim Abzählen findet sie auch hier nicht null Stifte. »Klatsch doch mal zweimal in die Hände«, ist die nächste Bitte der Pädagogin. Kein Problem für das Kind. »Schau, ich klatsche jetzt null Mal in meine Hände«, sagt die Pädagogin. Teresa schaut und überlegt, dann sagt sie: »Warum machst du nichts?« – »Ich stampfe jetzt null Mal mit

dem Fuß.« Teresa sagt nun entrüstet: »Du hast wieder nichts gemacht.« »Ja«, sagt die Pädagogin, »›null‹ bedeutet ›nichts‹ und ist die Ziffer dafür.« »Dann kommt bei der Null nichts rein?«, fragt das Mädchen und schaut auf das Fach. Bei dieser Lektion hat sie den Sachverhalt noch nicht verinnerlicht, und es wird wohl noch eine Weile dauern, aber das Grundverständnis ist angebahnt.

Spindelkästen

5.5.4 Ziffern und Chips

In einem Holzkasten befinden sich ausgesägte rote Holzziffern von 1 bis 10 (wobei die Zehn natürlich aus den beiden Ziffern 1 und 0 gebildet wird). Die Ziffern passen in der Größe zu den Ziffern auf den Holzbrettchen. Außerdem enthält der Kasten 55 rote Chips.

Die Zahlenreihe von 1 bis 10 wird durch das Material visualisiert (Verbindung des Ziffernsymbols mit der anschaulichen Menge). Die Abstraktion des Zahlenbegriffs wird so erfahrbar, und ebenso auch der Begriff der »geraden« und »ungeraden« Zahlen.

Gerade und ungerade Zahlen

In einer ersten Übung werden die Ziffern horizontal angeordnet und die Chips senkrecht daruntergelegt. Mit zunehmendem Zahlenwert verlängert sich die Reihe der Chips. In einer weiterführenden Übung werden die Chips in Zweierreihen ausgelegt; bei ungeraden Zahlen liegt der letzte Chip dann in der Mitte zwischen beiden Reihen. So wird dem Kind spielerisch erfahrbar gemacht, dass man gerade Zahlen »gerecht« teilen kann und ungerade nicht.

Elias betrachtet die Ziffern; er überlegt, wie er sie legen soll. Die Erzieherin fordert ihn auf, sich die Holzbretter-Ziffern dazuzuholen. Die Brettchen legt er von 0 bis 10 auf

den Teppich, und nun fällt es ihm leicht, die ausgesägten Ziffern richtig zu legen (Fehlerkontrolle).

Senkrecht unter die Ziffern ordnet er passend die Chips. Er nimmt wahr, dass die Menge sich vergrößert. Nun folgt ein Spiel: Elias schließt die Augen. Die Pädagogin nimmt bei der Drei einen Chip weg und bei der Sieben zwei Chips. Elias betrachtet das veränderte Bild, zählt und findet die Lösung. Nun wird gewechselt, die Pädagogin schließt die Augen, und Elias entfernt Chips. Das Wechselspiel dauert mehr als eine halbe Stunde.

Ziffern und Chips

Mit diesem Material ist auch eine erste Form des Dividierens möglich, indem das Kind die jeweils entsprechenden Chips in Zweierreihen unter die geraden Zahlen ordnet und bei den ungeraden den letzten Chip mittig unterhalb der Zweierreihen ablegt.

5.5.5 Perlenmaterialien

Goldenes Perlenmaterial

Die Einführung in das Dezimalsystem geschieht mit dem Goldenen Perlenmaterial. Goldfarbige Perlen dienen als Einer. Wenn zehn Stück davon auf Draht aufgezogen werden, werden daraus Zehner. Jeweils zehn Zehnerstangen, zum Quadrat verbunden, dienen als Hunderter, und zehn aufeinandergelegte Hunderterquadrate (Kubus) ergeben einen Tausender:

Dezimalsystem

- Einer zum Punkt
- Zehner zur Linie
- Hunderter zum Quadrat
- Tausender zum Kubus.

Mithilfe des Goldenen Perlenmaterials lernen die Kinder die Zahlzeichen für Zehner, Hunderter und Tausender sowie die Namen der Stellenwerte. Auf diese Weise erfahren sie

Das Goldene Perlenmaterial

die Struktur des Dezimalsystems. Durch die Erfahrung der verschiedenen Dimensionen werden sie außerdem auf die Geometrie vorbereitet.

Zum Material gehören Holztafeln mit den Zahlen 1–9 (in Grün aufgemalt), 10–90 (in Blau), 100–900 (in Rot) und 1000–9000 (wieder in Grün). Wenn ein Kind bis neun zählen kann, kann es mithilfe des Perlenmaterials bis 10.000 und weiter zählen bzw. rechnen.

Tobias bemerkt: »Immer wenn ich bis neun gezählt habe, kann ich tauschen, es wird immer mehr.«

Farbiges Perlenmaterial

Zählen

Das Farbige Perlenmaterial besteht aus fünf (farbigen) »Perlentreppchen«, wobei jedes von ihnen wiederum aus neun verschiedenenfarbigen Perlenstäbchen besteht. Anhand dieses Arbeitsmaterials erlernen die Kinder das Zählen von 1 bis 9 und prägen sich die Zahlenfolge ein.

Mit einer größeren Anzahl Stäbchen können die Kinder Muster bilden, ordnen und vergleichen. Ergänzt durch Zehnerstangen, vermittelt das Farbige Perlenmaterial die Zahlenmenge von 1 bis 19 und unterstützt das Einprägen dieser Zahlenfolge. Die entsprechenden Zahlenzeichen werden mithilfe der Séguin-Tafeln (Bretter mit neunmal der Zahl 10 und neun Zahlentäfelchen von 1 bis 9) erfahrbar.[6]

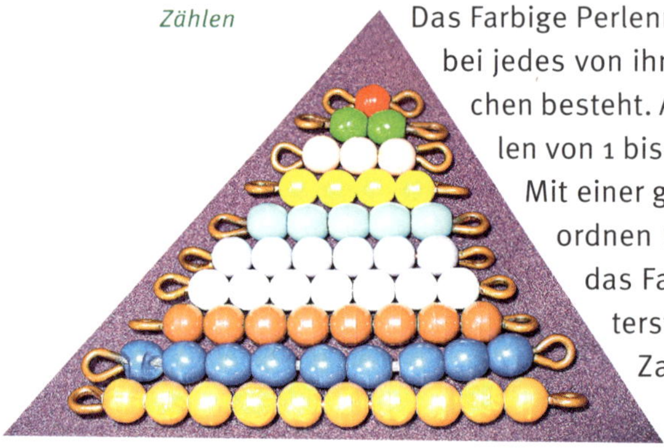

Perlentreppchen, ergänzt durch die Zehnerstange

6 An dieser Stelle kann nur ein kleiner Ausschnitt aus der Fülle des existierenden Montessori-Materials vorgestellt werden. Für weitere Materialien ist das *Materialbuch Mathematik* der Deutschen Montessori-Vereinigung zu empfehlen.

5.6 Geometrie im Kinderhaus

Jedes Kulturthema ist wie ein Bach, der seinen Ursprung in einer Quelle hat; der Bach verbreitert sich und verschwindet nach einer Weile unter den Steinen. Ein Stück weiter tritt er wieder an die Oberfläche, fließt zusammen mit anderen Bächen, trennt sich dann und wann, bis er ein Fluss wird und schließlich sein eigenes Bett bildet. Das Bild des Baches stimmt größtenteils mit dem historischen Ursprung aller Wissenschaft überein. Wir sehen zum Beispiel, dass Arithmetik und Geometrie bisweilen zusammenkommen, sich dann aber wieder trennen, bevor sie sich ganz entwickelt haben und jede ihren eigenen Weg geht (Quelle unbekannt).

5.6.1 Grundlegendes

Geometrische Formen und Figuren finden sich u. a. in der Natur, in der Malerei und in der Architektur. Sie sind allgegenwärtig und spielen im Alltag eine große Rolle. Die Hinführung zur Geometrie im Kinderhaus ist daher für das Kind ein Schlüssel zum Ordnen der Bilder, die es umgeben.

Übersicht Materialien

Maria Montessori selbst hat diverse Sinnesmaterialien entwickelt, die gezielt geometrische Erfahrungen vermitteln. Dazu zählen:

- Dimensionsmaterialien: Turm, Treppe, Stangen, Zylinder
- geometrische Körper und die geometrische Kommode mit ihren Kartensätzen
- konstruktive Dreiecke
- die zwölf Blauen Dreiecke
- Faltdeckchen
- Gestaltungsmaterial aus vielerlei geometrischen Formen
- der Binomische und der Trinomische Kubus.

Im Umgang mit diesen Materialien erfahren die Kinder Gleichheiten, Ungleichheiten und Abstufungen. Des Weiteren werden die Entwicklung und das Zusammenspiel der Sinnesorgane, die motorische Koordination und die Sprachentwicklung gefördert.

Vorbereitender Charakter

Noch zeigt das Kind kein Interesse an Analysen und Definitionen, aber selbstständiges Entdecken, vielfache Wiederholungen und die Vertiefung von Erfahrungen machen es möglich, die Welt konkreter zu erleben. Diese frühen, noch unbewussten Erfahrungen erleichtern das Verstehen von Geometrie (zu einem späteren Zeitpunkt). Im Kind entwickelt sich ein »geometrisches Gefühl«.

5.6.2 Geometrische Körper

Grundbegriffe

In einem Korb befinden sich geometrische Körper in blauer Farbe: Kugel, Kubus, Ovoid, Zylinder, Quader, Prisma, Ellipsoid sowie eine dreiseitige Pyramide und eine vierseitige Pyramide. Die Kinder probieren die Körper aus. Dabei entdecken sie Funktionen wie Rollen, Kippen und Drehen. Weiterhin erfahren die Kinder Begriffe wie Spitze, Kante und Ecke sowie Grund- und Seitenflächen.

Zu den geometrischen Körpern gehört ein Kasten mit Flächentäfelchen. Die Körper werden den Täfelchen zugeordnet. Die Kinder erfahren im Vergleichen, dass Körper unterschiedliche Flächen haben.

Der 5-jährige David kommt am Morgen ins Kinderhaus. »Weißt du was?« Wenn er ein Gespräch so beginnt, ist dies ein sicheres Zeichen, dass David wieder einmal eine neue Entdeckung gemacht hat. »Ich war bei meinem Opa und habe ihn gefragt: ›Du, Opa, wie viele Ovoide hast du im Hühnerstall gefunden?‹ Stell dir vor: Opa kannte kein Ovoid.« Was war geschehen? David hatte sich seit Tagen mit den geometrischen Körpern beschäftigt und dabei die Namen der Körper kennengelernt.

Geometrische Körper

Die geometrischen Körper stellen einen Bezug zum Leben her. Die Figuren werden nicht nur visuell, sondern auch taktil erfahren. Dadurch wird insbesondere der stereognostische Sinn, also das Vermögen, Formeigenschaften durch das Zusammenwirken von Tastsinn und Motorik zu erkennen, geschult. Die Wahrnehmung und die motorische Koordination werden unterstützt. Durch Tasten folgt das Kind der Oberfläche des Körpers und entwickelt dadurch sein räumliches Gefühl. Der Drang des Kindes, alles zu betasten, das Vergnügen daran sowie seine besondere Muskelempfindlichkeit (mit den Händen greifen oder »mit den Händen sehen«) unterstützen die Erfahrung.

Tastsinn und Motorik

Arbeitsmöglichkeiten

Folgende Operationen sind typisch für die Arbeit mit geometrischem Material:

- geometrische Körper betasten, anschauen, vergleichen, wiedererkennen
- geometrische Körper mit geometrischen Figuren kombinieren (Grundflächen)
- geometrische Körper benennen und gleiche Formen im Alltag entdecken, z. B.: Kegel: Eistüte, Schultüte; Prisma: Dach.

Una (2 Jahre) arbeitet mit den Körpern. Der Pädagoge wählt drei Körper aus: Kubus, Kugel und Pyramide. Bedächtig umfühlt er diese, wobei er intensiv die Spitze der Pyramide und die Ecken des Kubus ertastet. Er gibt dem Kind die Körper in die Hand, damit es die gleichen taktilen Erfahrungen machen kann. »Una, ich schließe jetzt meine Augen. Du gibst mir etwas in die Hand, und später verrate ich dir, was es war.« Una reicht dem Pädagogen die Kugel. Er tastet intensiv und legt sie zurück. Dann fragt er: »Möchtest du wissen, was du mir gegeben hast?« Una nickt, und der Pädagoge reicht dem Kind die Kugel. Una lächelt zustimmend.

Der Pädagoge gibt also, indem er zuerst den »Ratenden« spielt, dem Kind ein Vorbild. Nun wird das Spiel mit vertauschten Rollen gespielt. Durch intensives Fühlen werden die Körper begreifbar – der stereognostische Sinn wird angesprochen.

5.6.3 Die geometrische Kommode

Die geometrische Kommode besteht aus sechs Schubladen mit:

- verschiedenen Kreisen
- Dreiecken
- Vielecken
- Rechtecken, die eine Reihe von 10 x 10 bis 10 x 5 cm bilden
- trapez- und drachenförmigen Vierecken
- krummlinigen Figuren wie Vierpass, Eiform, Ellipse und Kurvendreieck.

Der Rahmen für die erste Darbietung liegt auf der Kommode. Er ist in sechs Felder aufgeteilt. In ihnen liegen fundamentale Figuren der Geometrie: Kreis, Quadrat und Dreieck.

Die Figuren sind blau und liegen in holzfarbenen Rahmen. Die Böden der Schubladen sind ebenfalls blau.

»Muskelgedächtnis«

Durch den Muskelsinn werden die Formen erfahren: Wenn sich die Hand bzw. die Finger um einen Gegenstand schließen, kommt zum Tasteindruck ein weiterer Eindruck der ausgeführten Bewegung, der als ein eigener (sechster) Sinn angesehen wird. Dieser wird als Muskelsinn bezeichnet. Er ermöglicht es, Eindrücke in einem »Muskelgedächtnis« oder »Gedächtnis der vollzogenen Bewegungen« zu speichern (vgl. Montessori 1980: 132).

Die geometrische Kommode

Die Schubladen können sowohl einzeln als auch in Kombination genutzt werden. Die Kinder nehmen die Figuren heraus, legen sie gemischt auf den Tisch oder Teppich und ordnen sie in die Einsätze ein. Dann ertasten sie die Formen blind und fügen sie wieder ein. Sie gestalten mit Vierecken und Dreiecken verschiedene Figuren und erfahren Seitenlängen. Aus sechs Dreiecken können z. B. drei Vierecke gebildet werden.

Alle Figuren werden auf einem Teppich ausgebreitet. Auf einem anderen Teppich befinden sich die Schubladen. Das Kind kennzeichnet mit einer Muschel einen Rahmen und holt die passende Figur. Dabei wird die Merkfähigkeit gefördert, da das Kind über eine Entfernung hinweg Rahmen und Figur einander zuordnen muss.

Zu den Figuren sucht das Kind Alltagsgegenstände, die die gleiche Form haben. Als Gruppenspiel eignet sich dann zum Beispiel: »Ich sehe was, was du nicht siehst, und das ist ein Kreis.«

Ähnlichkeiten

Gleichheiten und Ähnlichkeiten können bei der Bildung von Reihen erfahren werden:

- Aufbauen der Reihe, beginnend bei der größten Form
- Aufbauen der Reihe, beginnend bei der kleinsten Form
- Aufbauen der Reihe, beginnend bei der mittleren Form
- Aufbauen der Reihe mit verbundenen Augen.

Eine andere Möglichkeit sind Gedächtnisspiele, bei denen einzelne Figuren weggebracht und dann zurückgeholt und in die Reihe gelegt werden. Dabei liegen beispielsweise sechs Kreise der Größe nach in einer Reihe. Ein Kind schließt die Augen, ein anderes entfernt einen Kreis aus der Reihe und schließt die Lücke. Das erste Kind öffnet die Augen und legt den Kreis zurück. Schwieriger wird es, die richtige Stelle zu finden, wenn der entfernte Kreis versteckt wird.

Die Figuren können auch umfahren, ausgemalt, ausgeschnitten und aufgeklebt werden. Solche Übungen fördern das motorische Erfahren von Umfang und Flächeninhalt.

Karten

Zu der geometrischen Kommode gehören Kartensätze. Bei der ersten Serie sind die Figuren dunkelblau abgedruckt, bei der zweiten Serie durch einen 1 cm breiten Rand umrissen und bei der dritten Serie durch einen 1 mm breiten Rand.

Serie 1: Die Figuren werden langsam über die dunkelblauen Formen geschoben. Die Figur verdeckt die aufgemalte Form. Nachdem die Figur aufgelegt wurde, wird sie noch einmal umfahren. Das Auge kontrolliert, ob Abbildung und Einsatzfigur zusammenpassen.

Serie 2: Beim zweiten Kartensatz erhöht sich der Schwierigkeitsgrad – nach dem Prinzip: Vom Konkreten zum Abstrakten.

Serie 3: Hier wird mit dem Auge der Umriss der aufgezeichneten Form erfahren, und die Handbewegung »zeichnet« die Form nach.

Auch mit den Karten sind Kombinationen, Reihenbildungen und Gedächtnisspiele möglich:

- geometrische Figuren umfühlen, anschauen, vergleichen und wiedererkennen
- geometrischen Figuren ihren Flächeninhalt und Umfang zuordnen (Rahmen und Karten)
- geometrische Figuren in ihrem Rahmen bewegen, um zu erfahren, in wie vielen Positionen sie in ihren eigenen Rahmen passen
- geometrische Figuren benennen.

Die geometrische Schublade

5.6.4 Konstruktive Dreiecke

Zu den konstruktiven Dreiecken gehören folgende Kästen:

Beschreibung

1. ein rechteckiger Kasten mit farbigen Dreiecken (Damit können die Kinder die Erkenntnis gewinnen, dass aus zwei Dreiecken ein Viereck gebildet werden kann.)
2. ein rechteckiger Kasten mit blauen Dreiecken
3. ein dreieckiger Kasten mit farbigen Dreiecken (Gleichseitige Dreiecke können aus verschiedenen Dreiecken gebildet werden.)
4. ein großer, sechseckiger Kasten mit farbigen Dreiecken (Aus Dreiecken oder Vierecken können Sechsecke gebildet werden.)
5. ein kleiner, sechseckiger Kasten mit farbigen Dreiecken (Er bietet weitere Möglichkeiten, ein Sechseck zu bilden.)
6. ein Kasten mit zwölf blauen Dreiecken. (Aus Dreiecken entstehen Vier- und Dreiecke und ganz viele weitere Formen.)

Funktion

Die Dreiecke haben eine oder mehrere schwarze Linien, die das Kind beim Bilden von Figuren unterstützen.

Die konstruktiven Dreiecke entwickeln die Fantasie und den Sinn für Ästhetik, sie vermitteln Einsichten in den Aufbau von Drei-, Vier- und Sechsecken und ermöglichen damit einen ersten Zugang zur Flächengeometrie.

Konstruktive Dreiecke

5.6.5 Zwölf blaue Dreiecke

Aus den zwölf blauen Dreiecken entwickelt das Kind durch Umklappen, Schieben und Drehen neue Dreiecke und Vierecke. Anspruchsvolle Formen kann es aus mehreren oder allen Dreiecken bilden: Es entstehen dann verschiedene Sterne, Räder, Windmühlen, Tiere, Buchstaben und Zahlen.

Vielfältige Möglichkeiten

Blaue Dreiecke

5.7 Faltübungen

Durch Faltübungen erfährt das Kind die Möglichkeit, zu halbieren, sowie Diagonalen, Ecken und Winkel. Aus einem Quadrat können viele neue Quadrate oder andere geometrische Formen entstehen.

Die Geschichte vom blauen Quadrat – Eine Geschichte zum Falten und Fabulieren

Es war einmal ein kleines blaues Quadrat. Das war ganz traurig, denn niemand wollte mit ihm spielen. »Ach«, seufzte es, »wäre ich doch so schlank wie mein Bruder, das Rechteck, oder so rund wie mein Vetter, der Kreis. Hätte ich doch nur die herrlichen Spitzen von meiner kleinen Schwester Dreieck. Dann könnte ich wunderschön spielen. An mir ist aber auch gar nichts Besonderes, alle meine Seiten sind gleich lang – wie langweilig.«

Das kleine Quadrat gähnte, legte sich auf die Seite, schloss die Augen und schlief ein.

Im Traum erschien ihm der Zauberer Funkelhut und sprach: »Warum bist du so traurig, kleines Quadrat, kann ich dir helfen?«

»Oh, bitte, Zauberer. Lass mich nicht länger ein langweiliges Quadrat sein. Bitte, verwandele mich in ein lustiges, spitzes Dreieck«.

»Was heißt hier Dreieck?«, sprach der Zauberer. »Ein Kopftuch sollst du werden. Das kommt mir sehr gelegen. Ich verschenke dich an meine Freundin, die alte Hexe Wackelschlurf. Vielleicht nimmt sie dann meine Einladung an, mit mir die alte Mühle am See zu durchstöbern. Ich will dort nach einem verborgenen Schatz suchen. Leider möchte die Hexe so ungern mitkommen, weil es dort immer so windig ist.«

Im Nu verwandelte er das kleine Quadrat in ein Kopftuch. Dann nahm der Zauberer Feder und Tinte und schrieb seiner Freundin, der Hexe, einen Brief. Der Zauberer schrieb: »Liebe Freundin, beim nächsten Vollmond erwarte ich dich an der alten Mühle. Herzliche Grüße, dein Freund Funkelhut.«

Als die Hexe den Brief erhielt, rief sie: »Was soll das – habe ich mich nicht im letzten Winter dort entsetzlich erkältet?« Die Hexe holte sich an diesem Tag zum 13. Mal ein sauberes Taschentuch. Nachdem sie tüchtig ihre lange Nase geputzt hatte, war ihr erster Gedanke: »Was soll ich denn nur bei einem solchen Ausflug anziehen?« Sie durchsuchte ihren Kleiderschrank und fand einen alten, abgetragenen Schal. »Das ist genau das Richtige«, dachte sie, »der hält schön warm.« Dann schaute sie in ihren Spiegel.

Sie fand sich hinreißend schön, und schön wollte sie für ihren Freund unbedingt sein.

Am Abend vor dem nächsten Vollmond briet sich die Hexe Wackelschlurf einen dicken Fisch. Als Nachtisch knabberte sie eine ganze große Tafel Schokolade. Dann schaute sie durch ihr Fenster.

Der Mond stand voll und rund am Himmel. Es war Zeit, sich auf den Weg zu machen. Erwartungsvoll schlich sie sich aus dem Haus.

Am See angekommen, hexte sie ein Boot. Damit segelte sie dem Zauberer entgegen. Da kam er auch schon angesaust. Er fuhr ein schnittiges Boot.

»Hallo, alte Freundin! Ich bin entzückt, dich zu sehen!«, rief Funkelhut. »Komm, steig in meinen flotten Flitzer.« – »Nein, du fährst mir zu schnell, dann spüre ich den Nachtwind zu stark«, entgegnete ihm die Hexe Wackelschlurf.

»Hab dich nicht so, schau, was ich dir mitgebracht habe.« Er schwenkte das Kopftuch. Da konnte die Hexe nicht wiederstehen. Sie stieg in sein Boot, und gemeinsam fuhren sie zu der alten Mühle. »Hui, ist es hier unheimlich«, flüsterte die Hexe. »Ich kann gar nicht richtig sehen.«

Sie schlichen vorsichtig in die Mühle. Hier war es dunkel, und sie konnten sich nur mit Mühe zurechtfinden. Plötzlich stolperte die Hexe Wackelschlurf über eine Schatztruhe. »Donner, Blitz und Wolkenbruch! Funkelhut, komm her. Schau, was ich entdeckt habe. So hilf mir doch, den Deckel zu heben.« In der Truhe fanden sie eine Vase und einen kostbaren Becher, und ganz unten in der Truhe lag ein altes, verstaubtes Buch.

»Potztausend«, staunte der Zauberer. »Hier ist ja ein Zauberquadrat aufgeklebt. Sieh nur die wilden Linien und Kniffe. Das muss ein Schatz sein, wie geheimnisvoll, wie interessant! Schau nur das schöne Zauberquadrat.«

Da erwachte das kleine Quadrat aus seinem Traum und rieb sich die Augen: »Wach ich oder träum ich? Sollte das alles, was ich gesehen habe, aus einem Quadrat zu falten sein? Dann steckt ja auch alles in mir: das Kopftuch, der Brief, das Taschentuch, der Schrank, der Schal, der Spiegel, der Fisch, die Schokolade, das Fenster, das Haus, das Segelboot, das Boot, die Mühle, die Schatztruhe, die Vase, der Becher, das Buch und das Zauberquadrat. Nun werde ich ganz sicher Kinder finden, die mit mir spielen und mich in all die schönen Dinge verwandeln!«

Und vor Freude und Aufregung wurde es leuchtend rot.

6. Sprache umfassend selbst entdecken

Die Sprache ist der Schlüssel zu einer großen Zahl von Bildungsprozessen. Daher kommt der Sprachförderung auch in der Montessori-Pädagogik eine wichtige Rolle zu – von der Schulung des Hörens bis zum ersten Vertrautwerden mit geschriebener Sprache.

Das grenzenloseste Abenteuer der Kindheit, das war für mich das Leseabenteuer. Für mich begann es, als ich zum ersten Mal ein eigenes Buch bekam und mich da hineinschnupperte. In diesem Augenblick erwachte mein Lesehunger, und ein besseres Geschenk hat das Leben mir nicht beschert (Astrid Lindgren).

6.1 Grundlagen der Sprachentwicklung

Eines der faszinierendsten Kommunikationsmittel ist die menschliche Sprache. Durch sie sind Menschen in der Lage, Beziehungen aufnehmen, Gefühle und Gedanken zu äußern und Erkenntnisse weiterzugeben. Der Säugling wird in die Sprachwelt seiner Mutter (Muttersprache) hineingeboren. Die Mutter spricht zu ihm, wenn sie stillt, füttert und pflegt – sie lehrt ihn Sprache durch beziehungsvolle Pflege. Sie beruhigt das Baby, indem sie sanft mit ihm spricht oder ihm etwas vorsingt. Säuglinge reagieren auf die Laute der Person, die sich mit ihnen beschäftigt, beobachten die Mundmotorik und ahmen sie nach – die Spiegelneuronen sind aktiv. Babys gurren und lallen und lieben Wiederholungen. Der Mensch ist ein Wesen, das von Geburt an die Fähigkeit hat, Sprache zu erlernen. Der Spracherwerb ist integriert in die Gesamtentwicklung. Die Reifung des zentralen Nervensystems, insbesondere des Hirns, spielt dabei eine wesentliche Rolle.

Anfänge der Sprache

Wenn die sensomotorische Integration gelingt, kann das Kind Sprache erwerben. Etwa nach dem ersten Lebensjahr wird dem Kind bewusst, dass Sprache bzw. dass die einzelnen Laute eine Bedeutung haben und dass man Wünsche und Gedanken mit Worten ausdrücken kann.

Sensible Phase für Sprache

Kinder im Kinderhausalter sind mitten in der sensiblen Phase für Sprache. Der Spracherwerb ist im Alter von 6 Jahren in den Grundzügen abgeschlossen.

Lernen durch Nachahmung

Das Zusammenspiel aller Sinne – Hören, Sehen, Fühlen – beeinflusst den Spracherwerb positiv, ebenso auch die Kommunikation mit anderen Menschen. Sozio-emotionale und interaktive Grundlagen, die im Elternhaus gelegt wurden, werden in Beziehungen zu Gleichaltrigen fortgeführt. Das Kind lernt durch Nachahmung und Ausprobieren, wobei das Lernen erfolgsorientiert abläuft. Was gelingt und Erfolg bringt, wird wiederholt; Misserfolge werden vermieden.

Schlüssel zur Bildung

Sprache ist der Schlüssel zu Bildungsprozessen. Ohne Sprache bleibt dem Kind die Welt verschlossen. Es muss sich mitteilen können, damit Beobachtungen und Erlebnisse zu Wissen werden.

Über »Sprache als Schlüsselkompetenz für Bildungszugänge« wird (vor dem Hintergrund der Ergebnisse von PISA und IGLU[7]) nicht nur in den Fachwissenschaften, sondern mit wachsendem Interesse auch in der breiten Öffentlichkeit diskutiert. Die Spracherziehung ist selbstverständlich auch in den Bildungsplänen der Bundesländer verankert.

7 Die Abkürzung »IGLU« steht für »Internationale Grundschul-Lese-Untersuchung«.

Unterscheidungsmerkmal des Menschen

Für Maria Montessori ist die Sprache und das Sprechen (neben der Religion) das herausragende Merkmal, das den Menschen von anderen Lebewesen unterscheidet. Für sie liegt in der Sprache die Möglichkeit zur Kommunikation, zur Expression, zur Welterkenntnis und nicht zuletzt zum Frieden.

6.2 Sprache als Schlüssel zur Welt oder alltagsintegrierte Sprachbildung

»Ein Wort, das ein Kind nicht kennt, ist ein Gedanke, den es nicht denken kann« (Sprichwort).

Allgegenwärtig

Sprache findet überall statt, beispielsweise wenn Kinder singen, malen, spielen oder Spielregeln aushandeln oder wenn sie in Geschichten und Büchern bekannte Dinge entdecken oder Faszinierendes aus einer fernen Welt oder Zeit erfahren. Sprache braucht Vorbilder, Aufmerksamkeit, Fantasie, Raum und Stille. Kindern wird bewusst, welche Möglichkeit Sprache bietet, wenn sie ihre Wünsche, Ideen und Vorstellungen äußern. Im Umgang mit der Sprache und dem Sprechen erwerben Kinder nicht nur Wörter, sondern auch die Sprachstruktur (Grammatik) und bauen ihr sprachliches Können fortwährend aus. Dies hilft ihnen, die Welt um sie herum zu verstehen und sich in diese einzubringen und sie zu gestalten.

Ganzheitlich

Sprache als Bestandteil aller Bildungsbereiche wird nicht losgelöst oder als Trainingseinheit, sondern ganzheitlich erfahren, beispielsweise in Geschichten, Fingerspielen, Reimen oder Sing- und Rollenspielen. Bei den Übungen des praktischen Lebens wird Sprache mit Bewegung verknüpft und dadurch verinnerlicht.

Indirekt

Spracherziehung im Kinderhaus geschieht natürlich und indirekt. Ein ungezwungenes Miteinander begünstigt die Sprachfreude. Die Pädagogin spricht deutlich und artikuliert, in kurzen Sätzen. Der Umgangston in der Gruppe ist freundlich und nicht zu laut.

»Kannst du mir bitte die Milchkanne reichen?«, fragt Leona. »Gerne«, antwortet Franziska.

Da Sprache ein wichtiges Werkzeug für spätere Lernprozesse ist, wirken sich Defizite in der Sprachbeherrschung hemmend auf diese aus.

Mina, ein Kind aus Afghanistan, kommt im Alter von drei Jahren ins Kinderhaus. Die Mutter spricht kein Deutsch. Mina freut sich über jedes Wort, das sie kennenlernt. Am Aschermittwoch gehen die Kinder zum Gottesdienst. Bei der Auflegung des Aschenkreuzes spricht der Pfarrer: »Gott hat dich lieb.« Mina schaut ihn strahlend an und sagt: »Gott hat dich lieb.« Wieder hat sie einen neuen Satz gelernt. Indem sie den Satz nachspricht, hat sie ihn abgespeichert.

6.3 »Hilf mir, Sprache gründlich und umfassend selbst zu lernen«

In der Montessori-Pädagogik bringen wir die Dinge zu den Kindern oder die Kinder zu den Dingen. Eine günstige Sprachumgebung vorzubereiten heißt: eine Umgebung zu schaffen, in der Kinder ganz einfach Kind sein dürfen mit all ihrer Neugierde, ihren Fragen und ihrer unbändigen Lust am Entdecken, eine Umgebung, die Sehnsucht weckt, die dazu motiviert, das eigene Umfeld nach dieser Welt zu inszenieren.

Günstige Umgebung

Wortschatzerweiterung geschieht durch die genaue Bezeichnung der Dinge. Der Name unterscheidet einen Gegenstand vom anderen und gewinnt so seine Bedeutung.

Im Garten blühen die ersten Schneeglöckchen. Wir holen einige Schneeglöckchen ins Zimmer und betrachten und beschreiben sie genau. Diese Blume erwächst aus einer Zwiebel, die Wurzeln hat. Der Stängel ist lang, es gibt eine Blattscheide und ein Hochblatt. Die Blüte ist weiß mit grünem Rand und einem winzigen gelben Punkt. Welche Frühlingsblumen gibt es noch, die aus Zwiebeln wachsen? Krokus, Hyazinthe, Tulpe. – Auf diese Weise erfolgt das Kennenlernen von neuen Wörtern und Sachverhalten.

Wortschatz

Adjektive und Adverbien prägen sich am besten ein, wenn über persönliche, sinnliche Erfahrung gelernt wird. Dies geschieht im Umgang mit den Sinnesmaterialien – oder, wenn es um Größenverhältnisse geht, mit den Dimensionsmaterialien. Weitere Sinnesmaterialien vermitteln Erfahrungen mit den Wortfeldern hell/dunkel (Schattierungskasten), laut/leise (Geräuschdosen), hoch/tief (Glocken), rau/glatt (Tastbretter). Sinnesmaterialien zu Geschmack, Temperatur und Geruch führen über die sinnenhafte Erfahrung weitere Adjektive ein.

Adjektive

6.4 Die Drei-Stufen-Wortlektion

Sprachlektionen, die im richtigen Augenblick gegeben werden, eröffnen dem Kind eine neue Welt. Das Material gibt dem Kind einen Schlüssel zu seiner Umgebung in die Hand. Das Kind wendet seine Entdeckungen und die neuen Wörter in seiner Umgebung an und erfährt dadurch eine immer größere Sicherheit im Umgang mit der Sprache.

Sprachlektionen

Alle neuen Begriffe – mag es sich um Farben, Dimensionen, Geräusche, Töne, Formen, Zahlen, Buchstaben oder Bezeichnungen von Dingen handeln – werden in der *Drei-Stufen-Wortlektion* vermittelt.

1. Stufe: Benennen durch die Pädagogin

Der Begriff wird dem Kind deutlich und gut artikuliert von der Pädagogin vorgesprochen. Dabei kann das Kind seine Wahrnehmung des Gegenstandes mit einem Namen verknüpfen.

Drei Stufen

2. Stufe: Wiedererkennen

Mit dem Nennen des Namens wird der Gegenstand wiedererkannt. Die Pädagogin bittet das Kind immer wieder, ihr den Gegenstand zu zeigen oder zu geben. Die Bitte wird variiert, z. B.: Bring oder hol dieses oder jenes (Einbeziehung der Bewegung). Diese Phase ist die Einführungsperiode, die spielerisch umgesetzt werden muss und nicht zu kurz sein darf. Durch Variationen und Wiedererkennung lernt das Kind den Namen zu verinnerlichen (passiver Sprachgebrauch). Das Spiel hält das Interesse wach.

3. Stufe: Aktive Verwendung des Begriffs

Die dritte Stufe ist die Kontrolle der zweiten Stufe. Dabei zeigt die Pädagogin auf einen Gegenstand und bittet das Kind, ihn zu benennen (aktiver Sprachgebrauch).

Verbunden mit der dritten Stufe ist die *Übertragung der Begriffe auf die Dinge in der Umgebung*. Das Material gibt dem Kind einen Schlüssel zu seiner Umgebung. Es gibt ihm immer wieder die Möglichkeit, seine Entdeckungen in seiner Umgebung anzuwenden, sodass das Kind eine bessere Beziehung zu seiner Umgebung gewinnt – beispielsweise: »Der Ball ist rot« oder: »Das Tuch ist blau«.

Die Drei-Stufen-Wortlektion soll nun anhand eines kurzen Beispiels verdeutlicht werden.

Namenslektion: groß – klein

Beispiel: Größenverhältnisse

1. Die Pädagogin wählt zwei Kuben, die sich deutlich unterscheiden, beispielsweise den größten und den kleinsten Kubus. Sie befühlt den größten Kubus, lässt auch das Kind fühlen und sagt deutlich: »Von diesen beiden ist dieser groß.« Danach wiederholt sie dasselbe mit dem kleinsten Kubus und betont das Wort »klein«. Das Kind spricht den Namen (das Wort) nach.
2. Die Pädagogin fordert das Kind auf: »Gib mir den von den beiden, der groß (bzw. klein) ist.« Sie bringt Variationen in die Lektion, indem sie jeweils zwei andere Kuben in Beziehung stellt. Auch das Tempo und die Intonation können variiert werden.
3. Die Pädagogin setzt zwei Kuben in Beziehung, fragt nach den Namen und lässt das Kind das Verhältnis zwischen ihnen benennen (verbalisieren). Dabei werden immer wieder andere Kuben in Beziehung gesetzt. Das Kind erfährt, das groß und klein relativ sind: Ein bestimmter Kubus kann in Beziehung zu einem anderen Kubus einmal groß und einmal klein sein.

Danach erfolgt die Übertragung des Gelernten in die Umgebung. Die Pädagogin bittet das Kind, zwei Löffel zu holen, von denen einer klein und einer groß ist.

Wortlektion Größenvergleich

Verben werden am leichtesten erfahren, gelernt und behalten, wenn die Kinder die entsprechenden Tätigkeiten ausführen können. Bei den Übungen des täglichen Lebens ist der direkte Spracherwerb mit konkreten Tätigkeiten verbunden. Dinge und Handlungen werden versprachlicht: Ich hole den Schleifenrahmen. – Ich lege den Rahmen auf den Tisch. – Ich öffne die Schleifen.

Verben

Der Schleifenrahmen

Die Farbtäfelchen

Präpositionen üben Kinder bei Spielen, bei denen sie Dinge verteilen und auf Anfrage zurückholen (Hol-und-Bring-Spiele): Lege »rot« auf den Stuhl; lege »blau« in das Regal; lege »gelb« unter den Schrank, neben die Kerze, hinter die Blume usw.

Präpositionen

6.5 Vom Hören zum Sprechen und Schreiben

Alles Wissen beginnt konkret. Damit das Abstrakte Hand und Fuß hat, sehen Kinder mit den Händen und fühlen mit den Augen (vgl. Montessori 1980: 135).

Vielen Kinderhauskindern ist die Welt der Schriftsprache noch verschlossen. Sprache hören – zuhören – ist für sie der Schlüssel zur Welterfahrung. Aktives Zuhören ermöglicht es, die Äußerungen der Mitmenschen inhaltlich zu verstehen: das Ohr als ein Schlüsselorgan für das soziale Leben. Es ermöglicht es ihnen einerseits, wichtige Informationen aus der Umwelt aufzunehmen; andererseits entwickeln sie mit der Zeit eine Fähigkeit, die man in der pädagogischen Psychologie als »phonologische Bewusstheit« bezeichnet. Darunter versteht man die Fähigkeit, die Aufmerksamkeit von der Bedeutung einer Mitteilung abzuwenden und sie auf den lautlich-formalen Aspekt der Sprache zu richten: beispielsweise auf den Klang der Wörter beim Reimen zu achten oder gesprochene Sätze in Wörter, Wörter in Silben und schließlich vor allem die Silben in die einzelnen Laute zu zerlegen. Die phonologische Bewusstheit ist eine zentrale Vorläuferfähigkeit für den Erwerb der Schriftsprache. Genaues Hinhören, Lauschen und Zuhören fördert die sich im Kind entwickelnde phonologische Bewusstheit. Da das genaue (Zu-)Hören eine zielgerichtete Aufmerksamkeitssteuerung erfordert, dient es auch der Konzentrationsfähigkeit. Kindern, die konzentriert zuhören oder lesen können, gelingt es leichter, zu verstehen.

Phonologische Bewusstheit

Die physiologische Fähigkeit »Hören-Können« sowie die psychologische Fähigkeit »Zuhören-Können« sind Grundvoraussetzungen des Spracherwerbs und damit der zwischenmenschlichen Kommunikation. Das Hören-Können stellt dabei eine besondere Anforderung dar, denn das Ohr als offenes Organ kann sich den es umgebenden Geräuschen nicht entziehen. Dennoch gewöhnt man sich an manche Geräusche und nimmt sie nicht mehr bewusst wahr. Indem das Ohr zentrale Reize herausfiltert, wird Kommunikation möglich. Das Erlernen des bewussten Hörens kann helfen, eine »Autonomie gegenüber der akustischen Reiz-Flut« zu entwickeln (vgl. www.ohrenspitzer.de – Gisela Kammermeyer), und zwar durch Fähigkeiten wie die, wegzuhören und abzuschalten, aber auch weiter aufmerksam zu sein, hinzuhören, zuzuhören und mit anderen den Dialog zu suchen.

Zuhören – Hinhören

Im nachfolgenden Unterabschnitt werden Sinnesmaterialien zur Schulung der akustischen Wahrnehmung und zur Unterscheidung von Geräuschen und Tönen vorgestellt.

6.5.1 Die Geräuschdosen

Das Geräuschdosen-Material bestehen aus zwei Kästen mit jeweils sechs Büchsen (rote und blaue Deckel), die die Geräusche-Skala von laut nach leise umfassen. Sie sind paarweise gleich, sodass das Kind jeder blauen Büchse eine rote zuordnen kann, die das gleiche Geräusch erzeugt.

Bei der ersten Darbietung wird die Schütteltechnik genau gezeigt, damit die Geräusche gut zu differenzieren sind. Schließt das Kind beim Schütteln die Augen, wird die Wahrnehmung noch intensiver. Nun werden die Dosen gepaart. Ausgehend von den größten Kontrasten gelangt das Kind zu einem immer geringeren Unterschied zwischen den Geräuschen, sodass das Gehör sich weiter differenziert.

Einführung

Die Geräuschdosen

Weitere Möglichkeiten

Weitere Übungen: Die Büchsen einer Serie werden im Raum verteilt. Das Kind schüttelt eine der Büchsen, die noch am ursprünglichen Platz stehen, und soll dazu die entsprechende Dose im Raum wiederfinden. Einfacher ist es, wenn das Kind die Dose mitnimmt, umhergeht und die Partnerdose auf diese Weise findet.

Gruppenspiel: Die zwölf Dosen werden an ebenso viele Kinder verteilt. Die Kinder mit dem gleichen Geräusch finden sich zusammen. Oder sechs Kinder stellen sich so in eine Reihe, dass sie geordnet von »laut« bis »leise« stehen.

Die Begriffe »laut« und »leise« mit den entsprechenden Steigerungsformen werden in der Drei-Stufen-Wortlektion erarbeitet.

Geräuschdosen kann man auch leicht selbst herstellen: Filmröllchen oder Überraschungseier werden mit Materialien wie Sand, Muscheln, kleinen Kieseln, Perlen gefüllt und die Serien farblich gekennzeichnet. Kinder probieren das gerne selbst aus. Wie hört es sich an, wenn ich zwei Teelöffel Sand einfülle, und wie, wenn nur einen?

6.5.2 Die Glocken

Die Glocken

Das Glocken-Material besteht aus acht Glocken mit weißen Füßen und acht Glocken mit braunen Füßen, die in der richtigen Reihenfolge die diatonische Tonleiter von c' bis c'' darstellen. Zudem gibt es fünf Glocken mit schwarzen Füßen und fünf mit braunen Füßen, die die Halbtonschritte wiedergeben.

Mit den Glocken wird ähnlich gearbeitet wie mit den Geräuschdosen: Das Kind schlägt eine Glocke an und horcht, wie lange der Ton klingt. Es summt und singt die Töne nach, paart Töne und differenziert sie oder findet kleine Melodien. Bei dieser Übung werden Begriffe wie »hoch« und »tief« mit den entsprechenden Steigerungsformen erfahren. Die Sinnesübungen mit den Glocken bilden auch eine Grundlage für das musikalische Verständnis des Kindes.

»Hörspiele«

Die folgenden Vorschläge stellen einige Möglichkeiten vor, wie der Hörsinn durch »Hörspiele« geschult werden kann:

- Die Pädagogin (oder ein Kind) macht verschiedene Geräusche, und die Kinder hören und schauen zu. Nun schließen die Kinder die Augen, und die Pädagogin macht die gleichen Geräusche in einer anderen Reihenfolge. Jedes Mal sollen die Kinder herausfinden, welches Geräusch es war.
- Die Geräusche werden ohne Vorbereitung erzeugt und erraten.
- Ein Kind sitzt mit geschlossenen Augen in der Mitte. Die Pädagogin (oder ein Kind) hält einen laut tickenden Wecker an das Ohr des sitzenden Kindes und entfernt sich langsam mit dem Wecker, bis das Kind in der Mitte ein Zeichen gibt, dass es den Wecker nicht mehr hört.
- Ein Kind sitzt mit geschlossenen Augen in der Mitte. Ein anderes Kind mit einer Glocke geht leise durch den Raum. Ab und zu bleibt es stehen und lässt die Glocke erklingen. Das Kind in der Mitte zeigt in die Richtung des Klanges.
- Ein Kind sitzt mit geschlossenen Augen in der Mitte. Ein anderes Kind kommt leise heran und fragt (ohne die Stimme zu verstellen): »Wer bin ich?« Das sitzende Kind erkennt das andere Kind an dessen Stimme. Schwieriger (spannender) ist es, wenn die Stimme verstellt wird.
- Ein Kind verlässt den Raum, und ein anderes Kind versteckt sich in der Mitte unter einer Decke. Das andere Kind kommt wieder in den Raum, klopft auf die Decke und ruft: »Radio, Radio, spiel einmal.« Mit verstellter Stimme beginnt das Kind unter der Decke zu singen oder zu erzählen. Das andere Kind errät, wer sich versteckt hat.
- Während alle Kinder schauen, schlägt die Pädagogin oder ein Kind Gegenstände aus verschiedenen Materialien wie Holz, Glas, Metall an. Die Kinder schließen die Augen. Danach wird wieder ein Gegenstand angeschlagen, und die Kinder erraten ihn.
- Eine Klangschale wird im Kreis herumgegeben. Die Kinder, die die Schale noch nicht hatten, schließen die Augen. Dabei macht das Kind die Erfahrung, dass ein Ton auf es zukommt. Wie lange muss ich warten, bis der Ton bei mir ist?
- Die Kinder erhalten unterschiedliche Glocken. Welche Glocken klingen gleich, welche klingen verschieden?
- Die Kinder spielen (laut und leise) mit den Glocken. Ein Kind ist der Dirigent, und die anderen bilden das Glockenorchester.
- Die Glocken erklingen nacheinander.
- Die Glocken werden im Raum verteilt. Wer findet seine Glocke wieder?

6.6 Über Tastspiele zur Sprache kommen

Maria Montessori fasst die Sinne als »Greiforgane« des Geistes und die Sinneserziehung als eine Art geistiger Gymnastik auf (vgl. Montessori 1980: 165). Durch die Sinnesschulung werden die Kinder aufmerksamer, wacher und sensibler und gelangen zu einer besseren Beobachtung ihrer Umgebung.

Tasttäfelchen

Durch die Beschäftigung mit den Tasttäfelchen[8] wird das Kind indirekt auf das Fühlen und Zeichnen von Buchstaben und Ziffern und damit auf das Schreiben vorbereitet. Junge Kinder haben das Bedürfnis, alles in ihrer Umgebung zu berühren, um Erfahrungen mit der Beschaffenheit der Materialien zu machen und Orientierung zu erwerben. Solche Tastempfindungen finden vor allem über die Fingerkuppen statt. Auch die Feinmotorik wird dabei entwickelt. Ein gutes Beispiel für ein solches Tastmaterial sind die Sandpapierbuchstaben.

Sandpapierbuchstaben

Diese werden auf folgende Weise hergestellt: Die Buchstaben des Alphabets werden aus Sandpapier ausgeschnitten und auf Holzbrettchen geklebt, Mitlaute (Konsonanten) auf rosa Brettchen und Selbstlaute (Vokale) auf blaue Brettchen. So lernt das Kind zum ersten Mal die Buchstaben kennen. Die Pädagogin und anschließend auch das Kind erfühlen den Buchstaben und sprechen dazu den Laut. Durch das Ertasten der Form in Verbindung mit dem Klang des entsprechenden Lauts wird das Kind sensibel für Laute. Es beginnt zu lautieren (also die Wörter in ihre einzelnen Laute zu zerlegen) und erkennt in Büchern, auf Wortkarten (Karten, die mit einem Wort beschrieben sind und Gegenständen zugeordnet werden) oder bei Wörtern, die andere Kinder schreiben, die Buchstaben wieder.

Aurelia sitzt mit der Pädagogin am Tisch. Vor ihnen liegen verschiedene kleine Gegenstände. Die Pädagogin nimmt ein Teil in die Hand und spricht deutlich und artikuliert das Wort »Hase« und danach jeden einzelnen Buchstaben: »H A S E«. Was klingt noch so? Aurelia nimmt eine Vase und spricht dazu: »VASE«. Sie suchen weiter: »NASE«.

Die Lust des Kindes an der Artikulierung von Lauten wird geweckt, und es sucht nach neuen Wörtern. Was klingt noch ähnlich? »Maus – Haus – Klaus« oder »Dose – Rose«.

Nach einiger Zeit des gemeinsamen Suchens und Spielens bietet die Pädagogin dem Kind drei Sandpapierbuchstaben an, die sich in Form und Klang deutlich unterscheiden: M – A – O. Mit dem Zeige- und dem Mittelfinger fühlt sie langsam den Buchstaben in Schreibrichtung nach und spricht dabei gleichzeitig den entsprechenden Laut aus. Nach mehrmaligem Wiederholen gibt sie als Beispiel ein Wort mit dem Laut: Mama, Auto, Oma.

Weiter arbeiten die beiden in der Drei-Stufen-Lektion. In der zweiten Stufe bekommt das Kind verschiedene Aufträge, damit der Buchstabe immer wieder gefühlt wird. Au-

8 Die Tasttäfelchen sind ein Sinnesmaterial, durch das die Kinder den Unterschied von rau und glatt erfahren – auch als Vorübung für die Sandpapierbuchstaben.

relia wird aufgefordert, mit geschlossenen Augen den Buchstaben wiederzufinden. Aus einzelnen Buchstaben entstehen schließlich Wörter, und Aurelia verbindet diese drei Buchstaben zu dem Wort »OMA«.

Die Sandpapierbuchstaben

Weitere Spiele mit den Sandpapierbuchstaben

Vielfältige Möglichkeiten

- Die Pädagogin und das Kind stehen nebeneinander und schreiben den Buchstaben übergroß in die Luft.
- Reim: »Bitte einmal bücken, ich schreib' es dir auf den Rücken. Gib mir deine Hand, wir schreiben es in den Sand.« Der Buchstabe wird auf den Rücken und dann in den Sand geschrieben.
- Einige Buchstaben werden auf einem Teppich ausgelegt. Das Kind sucht die Buchstaben, die es kennt.
- Das gleiche Spiel, aber nun sucht das Kind mit verbundenen Augen die Buchstaben, die es kennt.
- Als Gruppenspiel: Ein Buchstabe wird gezeigt, und die Kinder suchen nach Wörtern, in denen er vorkommt.
- Die Namenskarten der Kinder werden nach Buchstaben geordnet. Welche Namen fangen mit »A« an? Anna, Anton, Aurelia, Aaron, Antonia, Anastasia, Amanda, Anni.
- Vergleiche werden gesucht: Aurelia, Anastasia und Antonia haben am Anfang und Ende das »A«, und bei Anastasia gibt es den Buchstaben »A« viermal.
- Ein Buchstabe wird gezeigt. Die Kinder suchen Gegenstände oder nennen Dinge, die mit diesem Buchstaben beginnen.
- »Ich sehe was, was du nicht siehst, und das fängt mit B (lautgetreu ausgesprochen) an.«
- Verschiedene Gegenstände liegen auf dem Teppich: ein Buntstift, ein Pinsel, ein Wollknäuel, eine Glocke: »Ich sehe was, was du nicht siehst, und das fängt mit B an.« Die Gegenstände werden ausgetauscht oder erweitert.

- »Ich sehe etwas, das hat Anna an. Es ist rot und fängt mit R an.« Die Informationen werden immer weniger konkret, wodurch das Erraten schwieriger wird.
- Kinder sollen Gegenstände aus dem Raum benennen. »Es fängt mit K an und hört mit B auf. Was ist das?« (Korb)
- Die Kinder bilden Endreime: Hand, Sand, Band.
- Die Kinder bilden Gegensätze: Was nicht klein ist, das ist ...; was nicht lang ist, das ist ...
- Zu vorgegebenen Wörtern wird die Mehrzahl gebildet: In meinem Garten steht ein Baum, am Wegrand stehen viele Bäume.

Auch Alltagsgegenstände können gut spielerisch zur Sprache gebracht werden.

Das Löffelspiel

»Löffelspiele«

In einem Korb liegen verschiedene Löffel: Suppenlöffel, Eierlöffel, Dessertlöffel, Kochlöffel, Rührlöffel, Nudellöffel, Eislöffel, Soßenlöffel, Sahnelöffel, Kartoffellöffel ...
Und so wird gespielt:

- die verschiedenen Löffelarten benennen
- die Löffel nach Materialeigenschaften ordnen: Holz, Metall, Perlmutt, Hartplastik
- die Löffel nach der Größe ordnen
- die Löffel beschreiben: Wie sehen sie aus?
- klären: Wozu braucht man die einzelnen Löffel?
- tasten: Die Löffel werden unter einem Tuch versteckt. Ein Löffel wird benannt. Ein Kind ertastet den richtigen Löffel unter dem Tuch.
- Singspiel: »Wozu ist denn der Suppenlöffel da, der Suppenlöffel da, der Suppenlöffel da? Der Suppenlöffel ist zum Suppeschöpfen da. Ja, ja, ja.«
- Löffelmusik: Die Klangeigenschaften der Löffel werden genutzt, um damit Musik machen. (Ist etwas laut, macht aber viel Freude.)
- Löffeltheater: Eine kleine Bühne wird aufgebaut. Ein Löffel erscheint auf der Bühne, stellt sich vor, berichtet, wozu er gebraucht wird. Dann kommt ein zweiter Löffel dazu und erklärt seine Aufgaben. Die beiden beginnen ein Gespräch über ihre Bedeutung. Anschließend tanzen sie nach Musik. Hier haben die Kinder viele Ideen.
- Leseübung: Die Kinder lesen Karten mit den Namen der Löffel; auf der Rückseite befindet sich ein Bild des jeweiligen Löffels (Fehlerkontrolle).

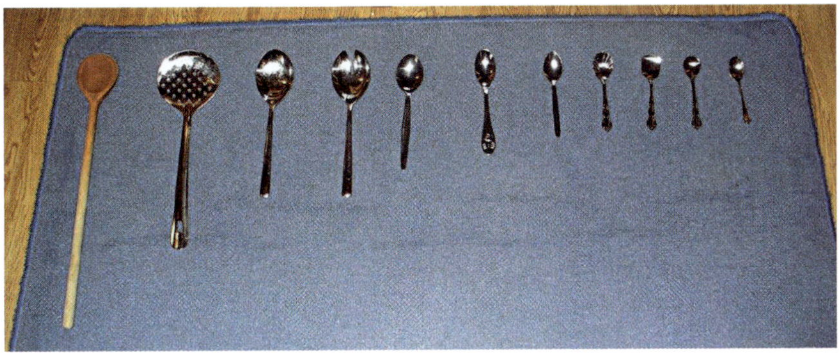

Das Löffelspiel

Ähnliche Spiele sind mit verschiedenen Stiften möglich: Bleistifte, Buntstifte, Wachsmalstifte, Filzstifte, Klebestifte, Markierstifte ...

Es eignen sich aber auch Bürsten, Stoffe, Werkzeuge, Kleidungsstücke, Obstsorten ...

Es gilt, immer wieder neue interessante Namen und Dinge zu entdecken.

Andere Gegenstände

Kinder sammeln gerne und tragen Gegenstände zusammen. Die Dinge werden haptisch erfahren. Wie ist die Bürste? Diese ist hart und diese weich. Wie schwer ist ein Hammer, oder wie benutzt man eine Zange? Das Kind muss den konkreten Gegenstand in die Hand nehmen dürfen – so kann es sie wirklich sinnlich erfahren. Wenn es die Dinge mit den Händen be-griffen hat, dann kann es abstrahieren und in Büchern oder auf Bildkarten die Dinge entdecken, ganz nach dem Motto: greifen – begreifen – abstrahieren.

Das Richtungsspiel

Wo ist oben, unten, rechts und links?

Material:

Richtungen

Gebraucht wird eine Stofftasche, auf die an den entsprechenden Seiten die Begriffe »oben«, »unten«, »rechts« und »links« in vier verschiedenen Farben aufgestickt sind, sowie dazu farblich passende Wäscheklammern.

So wird gespielt:

Die farblich passenden Klammern werden oben, unten, rechts und links an die Tasche geklammert. Bei jüngeren Kindern werden die Farben (mündlich) benannt. Später werden die Namen der Farben gelesen und können mit Buchstaben gelegt oder aufgeschrieben werden.

Variationen:

Entsprechende Spiele können mit: drinnen, draußen, vor, hinter, gegenüber von, neben ... durchgeführt werden. Beispiel: »Leg die roten Klammern in die Tasche.«

Der Klammersack

Farbenspiel

Am Maltisch und an der Staffelei experimentieren Kinder mit Farben, mischen sie und gestalten etwas damit. Durch Mischen entstehen neue Farben, und die Kinder erfahren: »Grün ist nicht gleich grün.« Wo finden sich diese Farben wieder? In Kunstdrucken, in Büchern, in der Natur, in Nahrungsmitteln. Interessant, was es da alles gibt. Die Kinder lernen, Farbnuancen zu benennen:

Farbnuancen

Grün: flaschengrün, lindgrün, moosgrün, apfelgrün, grasgrün, olivgrün, tannengrün, froschgrün, petrolgrün, erbsengrün, türkisgrün, lodengrün, smaragdgrün, mintgrün.

Rot: blutrot, kirschrot, signalrot, weinrot, rosenrot, tomatenrot, erdbeerrot, purpurrot, zinnoberrot, feuerwehrrot, himbeerrot, karminrot, korallenrot, paprikarot.

Blau: kobaltblau, himmelblau, veilchenblau, meerblau, indigoblau, pflaumenblau, marineblau, preußischblau, pastellblau, nachtblau, ultramarinblau, cyanblau, lapislazuliblau, jeansblau, kornblumenblau, petrolblau, stahlblau.
Gelb: sonnengelb, dottergelb, zitronengelb, goldgelb, ockergelb, chromgelb, safrangelb, vanillegelb, kadmiumgelb, kanariengelb, orangegelb, pastellgelb, neongelb.

6.7 Spielen mit Wörtern und Lauten

Kinder mögen den Rhythmus von Reimen und die Wiederholung von Klängen. Durch Fingerspiele und Abzählverse lernen sie erste Gedichtformen kennen.

Die Reime »Hoppe hoppe Reiter« oder »Das ist der Daumen« kursieren in fast jeder Krabbelgruppe.

Reime

Reime können mit Bewegung verbunden werden, wie es beispielsweise in den Mutter- und Kose-Liedern nach Fröbel geschieht: »Wie das Fähnchen auf dem Turme, sich kann drehen bei Wind und Sturme, so können sich meine Hände drehen, dass es eine Lust ist anzusehen.«

Ein spielerischer Umgang mit Wörtern und Lauten fördert den Spracherwerb. Fingerspiele sind hier hilfreich, da sie immer mit Bewegung verbunden sind. Oft entwickeln sich daraus kleine Rollenspiele.[9]

Kasperspiel

Rollen: Kasper, Seppel, Krokodil, Hexe, Gretel.

Szenische Spiele

Ein Kind spielt den Kasper. »Guten Tag, meine Damen, guten Tag, meine Herren. Habt ihr mich auch alle gern?« Das Publikum ruft: »Ja.« Der Kasper fährt fort:

»Nun hol' ich mir den Seppel gleich,
wir machen manchen dummen Streich.
Wir schlagen uns,
und wir vertragen uns.«
Da kommt das große Krokodil,
mit einem Maul, es frisst sehr viel.
Es hat den Kasper gleich gepackt.
Der ruckt und zuckt und, ei der Daus,
er kommt auch wieder glücklich raus.
Nun geht es schlecht dem Krokodil:
»Ab mit dir, geh in deinen Nil.«
Da kommt die Hexe Knickebein.
»Der Kasper soll verzaubert sein.«

9 Anregungen zum Erzählen von Geschichten finden sich auch in Claussen 2011.

»Nein, Hexe, nein, da wird nichts draus,
geh du mal in dein Hexenhaus.
Ich hol' mir gleich mein' Gretel fein,
wir beiden wollen fröhlich sein.«
Der Kasper holt sich ein Kind, die beiden tanzen, und die anderen Kinder singen.
»Kommt wir wollen tanzen, tralalala, tralalala, Kasper und Gretel, die sind wieder da.«

In diesem Spiel sind Sprache, Bewegung, Schauspiel, Gefühle und Dramatik enthalten: So macht Sprache Freude.

Klatschspiele

Rhythmus

Die Kinder werden angeregt, ihren Namen rhythmisch zu klatschen. Dabei erkennen sie die einzelnen Silben, aus denen sich der Name zusammensetzt. Mit einer Sammlung einfacher Rhythmusinstrumente macht das Rhythmisieren oft noch mehr Spaß.

Ein Ritual im Geburtstagskreis kann beispielsweise sein: Jedes Kind hat ein Instrument, spielt dieses und spricht dazu rhythmisch: »Ich gratuliere« oder »Ich gratuliere dir zum Geburtstag hier«. Das Ritual funktioniert aber auch ohne Instrumente, indem nur geklatscht wird.

Singen

Singspiele

Von Märchenliedern (*Sieben kleine Geißlein*, *Dornröschen war ein schönes Kind*), verknüpft mit Rollenspiel, können Kinder gar nicht genug bekommen. (Sie befinden sich in der sensiblen Phase für Sprache!)

Rollen-, Sing-, Bewegungs- und Kreisspiele ermöglichen ein lustvolles Erfahren von Sprache und fördern gleichzeitig das soziale Miteinander und die Interaktion.

Handpuppen

Spiel mit Handpuppen

Der Umgang mit Handpuppen spricht das Kind emotional an. Er hilft bei der Verarbeitung von Erfahrungen und fördert den Dialog mit anderen. Zu einem bestimmten Thema wird jeweils eine Handlung erarbeitet. In den szenischen Darstellungen spiegeln sich die Erfahrungen der Kinder wider. Mit Hand- oder Fingerpuppen sowie kleinen »Erzähldosen« (vgl. u.) spielen Kinder Geschichten, Märchen und Bilderbücher nach. Beliebt sind Geschichten mit Wiederholungen und Aufzählungen, wie z.B. das Märchen *Vom guten Kartoffelkönig*.[10]

Erzähldosen, Handpuppen sowie verschiedene Möglichkeiten des Rollenspiels in der Puppen-Rollenspielstube, dem Bauraum, dem Puppenhaus werden den Kindern in der Freiarbeitsphase zur Verfügung gestellt.

10 In: Wilhelm Matthiesen (2014): *Das alte Haus*, Freiburg (Neuauflage)

6.8 Geschichten aus der Dose

Die Geschichtendose: Das 99. Schaf

Material:
eine Schachtel mit folgenden Gegenständen: eine kleine Puppe, eine Nickelbrille, ein Glas, ein Zaun und Schafe, eins davon mit einem Halstuch, auf dem die Zahl 99 steht.
Mit diesen Materialien wird die Geschichte erzählt.

Emma ist fünf Jahre alt. Sie ist fröhlich, geht gerne ins Kinderhaus und hat heute den ganzen Tag mit ihren Freunden gespielt. Am Abend bringt Mama sie ins Bett, liest noch eine Geschichte vor, gibt Emma einen Gute-Nacht-Kuss und wünscht ihr schöne Träume. Aber Emma kann nicht einschlafen, sie ist putzmunter wie ein Turnschuh. Sie hat schon jeden Finger einzeln in ihre Nase gesteckt, aber es hilft nichts. Schlafen kann sie nicht. Emma schleicht ins Wohnzimmer und jammert, dass sie nicht schlafen kann. Papa sagt: »Dann musst du Schafe zählen, das hilft. Und nun ab ins Bett.« Mama stellt ihr noch ein Glas heiße Milch mit Honig auf den Nachttisch. »Nun aber gute Nacht.«

Emma liegt im Bett und denkt an die Worte von Papa. Schafe zählen, wie soll sie das nur machen? Eigentlich einfach – überlegt sie. Man muss sich nur einen Zaun vorstellen und eine Herde von Schafen – und dann beginnt Emma sich das vorzustellen: einen Zaun und viele Schafe. Emma zählt: »Eins, zwei, drei.« Ein Schaf nach dem anderen springt über den Zaun. Emma zählt weiter: »Vier, fünf, sechs.« Alles klappt wie am Schnürchen: Emma zählt, und die Tiere springen. Aber müde wird Emma nicht, nicht die geringste Spur von Müdigkeit. Aber sie zählt tapfer weiter, bis sie bei Schaf 27 ankommt. Dieses Schaf ist schon sehr alt, hat ein graues Fell und trägt eine Nickelbrille. Es kann nicht über den Zaun springen, und Emma muss ihm helfen. Anstrengend, aber Emma wird nicht müde und zählt weiter, bis es bei Schaf 37 wieder zu einem Stau kommt. Was ist jetzt passiert? Schaf 38 hat Schaf 37 als unverschämten Schafskopf bezeichnet. Das geht nicht, und Emma muss den Streit schlichten. Aber müde ist sie immer noch nicht. Also zählt sie weiter und weiter, und das Springen läuft wieder wie von selbst. Gerade ist Schaf 98 über den Zaun gesprungen, da hört Emma ein schlimmes Weinen. Es ist Schaf 99, das so weint, ein ganz kleines Schaf. »Was ist los?«, fragt Emma besorgt. Das kleine Schaf schluchzt: »Ich habe einen Dorn in meinem Huf.« Emma nimmt das Schaf in den Arm, entfernt den Dorn, verbindet den Fuß und gibt dem Schäfchen die heiße Milch mit Honig zum Trinken. Das Schaf bedankt sich, aber dann beginnt es erneut zu jammern: »Ich habe meine Mama verloren, ich möchte bitte sofort wieder zu ihr.« Emma bietet dem Schaf an, bei ihr zu übernachten und morgen die Mama zu suchen. Aber das kleine Schaf möchte jetzt zu seiner Mama. Das kann Emma gut verstehen, dass ein kleines Tier bei seiner Mama sein möchte, und erkundigt sich: »Welche Nummer hat deine Mama?« Was glaubt ihr, welche Nummer wird es sein? »Meine Mama ist das Schaf mit der Nummer 3.« Emma sagt: »Aber wie sollen wir die finden?« Das kleine Schaf sagt: »Du musst rückwärts zählen.« Emma bedauert: »Das kann ich nicht.« Aber das Schaf be-

steht darauf, dass Emma rückwärts zählen soll. Nun hat Emma im Kinderhaus ja schon oft die Zahlen auf dem Hunderterbrett gelegt, aber noch nie rückwärts. Und dann ist da noch die Sache mit den Schafen, die mitten in der Nacht über einen Zaun springen. Das ist schon mühsam genug – aber rückwärts? Ein kleines Schaf ohne Mama geht aber auch nicht. Das sieht Emma ein, und dann nimmt sie alle Kraft zusammen und beginnt rückwärts zu zählen. 98, 97, 96 … – und die Schafe strengen sich an und springen rückwärts. 95, 92. »Halt, du hast dich verzählt«, schreit das kleine Schaf. Emma muss sich noch mehr konzentrieren und zählt und zählt. Die Schafe strengen sich an, springen und springen. Schließlich ruft Emma: »Drei«. Das kleine Schaf hat seine Mama wieder und ist sehr glücklich. Das Mutterschaf und das kleine Schaf möchten Emma danken. Aber Emma ist tief und fest eingeschlafen, und wir müssen nun ganz leise sein, damit sie nicht wieder aufwacht.

Kindliche Kreativität

Kinder entwickeln bei ihrem Spracherwerb eine eigene Sprache. Manche Wörter klingen ähnlich, und die Bedeutung ist für das Kind noch nicht klar. Kinder machen sich ein eigenes Bild.

Anna holt den Wintermantel des Pädagogen, sie trägt den Mantel und zieht ihn dabei über den Boden. Stolz verkündigt sie: »Der Mantel läuft ja über die Erde.« Sie hat gemerkt, dass der Mantel für sie zum Tragen zu lang ist, und drückt es auf diese Weise aus.

Die Kinder werden im Gottesdienst vom Pfarrer gesegnet. Florian sträubt sich. Die Pädagogin fragt das Kind. »Möchtest du nicht zum Pfarrer gehen?« Darauf Florian: »Nein, ich will nicht gesägt werden.«

Dazu eine weitere Geschichtenkiste:

Wo einer rausschaut, wie er reinschaut

Material:

In einer grünen Kiste befinden sich ein Spiegel und Bildkarten von einer Krähe, einem Hasen, einem Eichhörnchen, einem Bären und einer Bärin sowie zwei Karten mit je einem Bärenkind.

Die Pädagogin stellt die geschlossene Kiste vor sich und fragt:

Geht ihr gerne in den Wald? Ich war kürzlich auch im Wald und möchte euch erzählen, was ich dort erlebt habe. Ich gehe also durch den Wald, und da sehe ich etwas in der

Sonne leuchten. (Sie nimmt den Spiegel aus der Kiste und legt ihn auf den Teppich. Dann zeigt sie die Karte mit der Krähe.) Und auf einmal fliegt eine Krähe herbei, nähert sich dem glitzernden Ding und beginnt sich zu freuen: »Ja, was ist das denn? Da ist ja ein Bild von mir, hier, mitten im Wald, ein Bild von mir! Wer hat das wohl gemalt? Das ist aber toll, ich bin ja auch eine so schöne Krähe.« Nun nähert sich der Hase. »Was ist los, Krähe, was ist denn da?« »Ja, komm mal, lieber Hase. Da war ein Künstler im Wald, und der hat mich gemalt. Schau, da ist ein Bild von mir.« Der Hase nähert sich, die Krähe geht zur Seite, und der Hase beginnt zu lachen. »Ach, liebe Krähe, wie schön. Was für eine Überraschung: Hier im Wald ein Bild von mir! Wie gut meine langen Ohren getroffen sind und meine Schnurrhaare! Ich bin aber auch ein schönes Tier!« Die Krähe ist empört. »Was redest du da, es ist ein Bild von mir.« »Aber nein, von mir«, ruft der Hase. In diesem Moment erscheint das Eichhörnchen. »Was ist denn hier los?«, fragt es neugierig. »Gut, dass du kommst, du liebes Eichhörnchen. Ich habe hier ein Bild von mir entdeckt, und nun behauptet der Hase, es sei ein Bild von ihm.« »Es ist ja auch ein Bild von mir«, knurrt nun der Hase. Das Eichhörnchen nähert sich dem Bild und jubelt: »Ach, meine lieben Freunde, wie nett von euch, dass ihr extra einen Maler eingeladen habt, der ein Bild von mir gemalt hat. Wie gut es dem gelungen ist, mein braunes Fell und den langen Schweif zu malen. Wirklich, außerordentlich gelungen.« Der Hase ist verärgert. »Schau bitte genau hin, es ist ein Bild von mir.« Die Krähe kräht nun besonders laut. »So eine Frechheit, da finde ich ein Bild von mir, und ihr behauptet etwas anderes. Hätte ich mein Geheimnis doch nur für mich behalten!« Die drei streiten immer lauter, und dabei vergessen sie, dass sie sich in unmittelbarer Nähe einer Bärenhöhle befinden. Tief unten in der Höhle schläft der alte Bär, aber von dem Geschrei der streitenden Tiere wird er wach. Brummend und schimpfend kommt er aus der Höhle heraus. »Was macht ihr für einen Lärm, ich will schlafen, Ruhe.« »Ach, lieber, großer, starker, kluger Bär, wie gut, dass du da bist. Du kannst bestimmt helfen, da du ein so weiser Bär bist«, bettelt die Krähe. Der Bär ist geschmeichelt und fragt: »Wie kann ich helfen?« Die Krähe antwortet: »Lieber Herr Bär, wie freundlich, nur du allein kannst hier Recht sprechen. Schau, ich habe hier im Wald ein wunderschönes Bild von mir, einer so schönen Krähe, gefunden, und nun behaupten der dumme Hase und das freche Eichhörnchen, dass es ein Bild von ihnen sei.« Hase und Eichhörnchen protestieren und wollen den Bären überzeugen, dass die Krähe etwas Falsches behauptet. »Ruhe«, brummt der Bär und hebt seine Tatze. »Ich werde mal nachschauen.« Er nähert sich dem Bild. »Das hätte ich mir ja auch gleich denken können. Wenn sich schon ein Maler hier im Wald aufhält, wen wird er dann malen?« »Mich«, rufen die anderen Tiere. Der Bär aber fasst das Bild mit seinen großen Pfoten und ruft: »Nein, ihr Dummköpfe, natürlich mich, das schönste Tier des ganzen Waldes, den schönsten Bären unter der Sonne.« Er schleppt das Bild in seine Höhle. Frau Bär ist auch zu Hause. Sie fragt ihren Mann: »Was hast du da mitgebracht?« Stolz antwortet der Bär: »Ein Bild von mir, liebe Frau, weil ich der allerschönste Bär der Welt bin.« Frau Bär nähert sich dem Bild und schaut. »Lieber Mann, das ist aber schön. Aber ist es nicht ein Bild von mir?« »Rede doch keinen Unsinn, ich bin der Schönste hier«, antwortet der Bär. Da Frau Bär keinen Streit haben möchte, sagt sie gar nichts mehr und macht sich wieder an ihre Arbeit; und der Bär legt sich schlafen. Herr und Frau Bär haben aber noch zwei Bärenkinder, die in der Höhle Fangen spielen. Auf einmal entdecken sie das Bild.

»Was ist denn das?«, fragt ein Bärenkind. »Das ist lustig«, meint das andere. »Schau, hier stehst du neben mir, und nun kannst du sehen, wie ich dein Ohr streichle; und nun mache ich mich klein, und du stehst immer noch. Was ist das?« Das andere Bärenkind antwortet nachdenklich: »Das ist ein Ding, wo einer rausschaut, wie er reinschaut.« Die beiden sind ganz aufgeregt. »Das müssen wir Papa zeigen.« Sie rütteln den alten Bären wach. »Papa, Papa, wir haben etwas ganz Schönes gefunden, komm schnell mit.« »Ja, ich weiß, ihr habt das Bild von mir gefunden«, brummt der Bär. »Aber nein«, rufen die beiden Bärenkinder. Vater Bär folgt ihnen, und dann klettern sie auf seine Schulter, kraulen ihn an den Ohren und rufen: »Das ist ein Ding, wo einer rausschaut, wie er reinschaut.« Der Bär ist verwirrt, aber dann begreift er und schleppt das Bild zurück in den Wald. »Krähe, Hase, Eichhörnchen, kommt mal schnell«, ruft er laut die anderen Tiere. Die drei nähern sich, und gemeinsam versammeln sie sich um das Bild, und der Bär erklärt: »Das ist ein Ding, wo einer rausschaut, wie er reinschaut.«

Diese Geschichte wird von der Pädagogin mit viel Mimik und Gestik erzählt. Die Kinder tauchen ganz in das Geschehen ein. Zum Schluss nimmt die Erzählerin den Spiegel in die Hand, hält ihn dem Kind, das ihr am nächsten sitzt, hin und fragt: »Und was siehst du?« »Mich« oder: »Das bin ich«, ist die Antwort. Dann fragt sie nach dem richtigen Namen des Gegenstandes: »Spiegel.«

Arbeit mit der Geschichtenkiste

Geschichtenkisten stehen den Kindern in der Freiarbeit zur Verfügung. Mit den jeweiligen Gegenständen erzählen und spielen sie die Geschichten nach, und sie werden angeregt, selber Geschichten zu erfinden und Erzähldosen herzustellen. Die Freude am Formulieren, Fabulieren und Nachspielen wird geweckt.

6.9 Spielend begreifen

»Der Tomatensuppenchef« – ein Spiel zur Schulung der akustischen Sinneswahrnehmung

Die Kinder stehen im Kreis. Ein »Detektiv« wird nach draußen geschickt. Die Kreiskinder ernennen ein Kind zum Tomatensuppenchef. Sobald der Detektiv den Raum wieder betritt, machen alle Kreiskinder Kochgeräusche (brr, krr, sss ...) und rühren dabei pantomimisch in einem Kochtopf. Der Detektiv hat nun die Aufgabe, den Tomatensuppen-Chef, der permanent »Tomatensuppe« sagt, zu finden. Dabei hat er verschiedene Möglichkeiten:

Geräuschspiele

- Er geht von Kind zu Kind und schaltet falsche Geräusche aus, indem er den Kindern auf die Schulter tippt.
- Er bleibt in der Kreismitte stehen und guckt / hört, ob er den Tomatensuppen-Chef hört.
- Er steht mit geschlossenen Augen in der Kreismitte und horcht.
- Er variiert die verschiedenen Möglichkeiten.

Noch schwieriger wird es, wenn die Kreiskinder Gerichte nennen (wie Tomatensoufflé, Tomatensalat, Tomatensaft, gegrillte Tomaten, Tomatensoße, Tomatenpizza, Tomatenreis, Tomatenketchup …). Nun wird es noch schwieriger, aus den vielen Tomatenwörtern das Wort »Tomatensuppe« herauszuhören.

»Singet und seid froh«

Das Singen mit Kindern hat eine hohe emotionale und soziale Bedeutung, und im Zusammenhang mit der Sprachentwicklung hat es noch weitere Funktionen. Singen verbindet musikalische mit sprachlichen Ausdrucksmitteln, die für viele Gelegenheiten passend sind. Da sind z. B. das Geburtstagslied, Lieder zum Tageslauf, Lieder zu den Jahreszeiten oder Festen. Diese Themen finden sich sowohl in den traditionellen Kinderliedern wie in den unzähligen neuen »Kindersongs« wieder. Vor allem tradierte Kinderlieder wie *Backe, backe Kuchen* oder *Es tanzt ein Bi-Ba-Butzemann* können für Kinder Anreize bieten durch ungewöhnliche (heute nicht mehr bekannte) Wörter oder (alltagssprachlich ungewohnte) syntaktische Besonderheiten.

Singen unterstützt außerdem die phonologische Bewusstheit, d. h. die Wahrnehmung von Lauten und Silben.

Lieder

Lieder sind – sprachlich gesehen – in geordnete Einheiten gegliedert (Verse, Strophen, Refrain). Wenn im Kinderhaus ein umfangreiches Repertoire an Liedern für alle Gelegenheiten erworben wird, trägt das somit zur Erweiterung des Wortschatzes ebenso bei wie zum Verständnis von Handlungsabläufen (beispielsweise durch Lieder zu Berufen). Die rhythmische Strukturierung unterstützt die Fähigkeit der Kinder, sich den Text zu merken.

Elementare Musik ist nie Musik allein, sie ist mit Bewegung, Tanz und Sprache verbunden. Sie ist eine Musik, die man selbst machen muss, bei der man nicht als Hörer, sondern als Mitspieler einbezogen ist. Tägliches Singen und das Klatschen von Reimen und Wörtern, auch mit Unterstützung von kleinem Schlagwerk (Handtrommeln, Schlagstäbe, Schütteldosen, Triangel), gehören zum Kinderhausalltag.

6.10 Hinführung zur Schriftsprache

Zeichen und Buchstaben vermitteln Informationen. Sie kennzeichnen beispielsweise persönliches Eigentum oder finden sich in Bilderbüchern. Sie bestimmen Dinge in der Lebenswelt des Kindes: Autokennzeichen, Straßen, Restaurants.

Merkmale der Schrift

Schrift ist konstant und vermittelt Botschaften. Bilder und Buchstaben stehen in einem Zusammenhang. Auf der Vorderseite von Büchern steht ein Titel, der dem Buch einen Namen gibt. Den Grundsatz »Sei lieb zu einem Buch« aufzustellen bedeutet, den wertschätzenden Umgang mit Büchern zu vermitteln. Lesen und Schreiben sind Vorgänge, die sich gegenseitig bedingen.

Paul schaut sich ein Bilderbuch an. Er erfährt, dass Gedrucktes konstant ist, dass man an eine frühere Stelle immer wieder zurückkehren kann. Immer wieder blättert er zurück, um sich zu vergewissern.

Eine Hinführung zur Schriftsprache geschieht bereits, wenn Kinder Pädagoginnen erleben dürfen, die schreiben.

Die Pädagogin hat einen Anruf bekommen, dass Anna krank ist. Sie schreibt für die Info-Wand: »Ein Kind ist an Scharlach erkrankt.« Franziska beobachtet den Schreibvorgang und liest mit. Etwas später setzt sie sich hin und schreibt: »Anna hat Scharlach.«

Die Beobachtung von Schreibvorgängen regt zum eigenen Schreiben an.

Der Geburtstags-Kalender zeigt neben einem Foto des Geburtstagskindes seinen Namen und das Geburtsdatum. (Der Monat ist nicht als Ziffer, sondern als Wort geschrieben.)

Indirekte Vorbereitung auf das Schreiben

Im Montessori-Kinderhaus gibt es keine bestimmte Schreibmethode. Das Montessori-Material gibt jedoch Antworten auf das große Interesse des Kindes an Buchstaben, Lauten und Wörtern sowie auf sein Bedürfnis, motorisch tätig zu sein. Es bietet somit eine indirekte Vorbereitung auf das Schreiben. Das Schreiben ist aber nicht direkt das Ziel. Vielmehr sollen dem Kind Möglichkeiten gegeben werden, die Sprache auf Laute hin zu untersuchen und zu analysieren und durch dieses Tun zum Lesen und Schreiben zu gelangen. Das Schreiben eines Wortes enthält verschiedene Schwierigkeiten:

- das Halten eines Stiftes (das indirekt vorbereitet wird durch die Schulung des Pinzetten-Griffs bei den Einsatzzylindern)
- die leichte Schreibbewegung und das Schreiben der richtigen Buchstabenform
- die Bildung eines Wortes, indem die richtige Reihenfolge der Buchstaben eingehalten wird.

Handmotorik

Schreiben ist eine komplexe psychomotorische Beschäftigung, bei der Intelligenz und Hand zusammenarbeiten müssen. Im Kinderhaus gibt es Tätigkeiten, die scheinbar nichts mit dem Schreiben zu tun haben, aber die Handmotorik indirekt darauf vorbereiten (z. B. die Übung des praktischen Lebens »Metall putzen«). Bei den Übungen des täglichen Lebens wird

- die Koordinierung der Grobmotorik geschult durch Tätigkeiten wie das Schrubben und Scheuern von Tischen, das Tragen von Stühlen und das Aufrollen von Teppichen sowie
- die Feinmotorik geschult durch Gieß- und Schüttübungen, Weben, Sticken, Einfädeln, das Annähen von Knöpfen, das Falten von Tüchern und Kleidungsstücken oder die Arbeit mit den Anziehrahmen.

Hat sich die Feinmotorik der Hand hinreichend entwickelt (etwa ab dem 4. Lebensjahr), stellt sich eine außerordentliche Funktionslust ein. Das Kind tut gerne etwas mit der Hand und wiederholt diese Übungen.

Hannah reinigt einen großen Metallteller. Dabei fährt sie mit einem getränkten Wattebausch kreisend über den Teller. Dadurch wird das Handgelenk gelockert und der leichte Druck geübt.

Materialien

Auch bei den unterschiedlichen Sinnesmaterialien finden sich Bewegungen, die auf das spätere Schreiben vorbereiten:

- Der Aufbau des Rosa Turms schult die Kontrolle der Fingermuskeln.
- Mit den Tastbrettern übt das Kind Gegensätze und Abstufungen. Hierdurch wird eine leichtere Bewegung auf dem Papier erreicht.
- Bei der Arbeit mit den Einsatzzylindern wird die feste Hand geübt, indem das Kind die Zylinder beim Herausnehmen und Einsetzen am Knopf anfasst.
- Die geometrische Kommode unterstützt die Unterscheidung von Formen. (Die meisten Buchstaben sind aus geometrischen Formen aufgebaut.)
- Die Feinmotorik der Finger wird beim Greifen geübt: Sortierübungen, Ordnungsübungen, Geheimnisvoller Beutel, Farbtäfelchen.
- Bei der Beschäftigung mit den Metallenen Einsätzen wird die Feinmotorik der Finger geübt, ebenso auch der Umgang mit Buntstiften sowie die Bewegung auf dem Papier.

Im Folgenden werden nun einige Materialien genauer vorgestellt, die den Schriftspracherwerb gezielt unterstützen.

Metallene Einsatzfiguren

Greifen

Die Metallenen Einsatzfiguren bestehen aus zwei Ständern mit je fünf quadratischen Metallrahmen mit einer Kantenlänge von 14 cm. In sie sind verschiedene blaue Einsätze eingelassen: Quadrat, Rechteck, Kreis, Ellipse, Eiform, Trapez, Fünfeck, Dreieck, Kurvendreieck, Vierpass. In der Mitte haben sie einen Knopf zum Anfassen. Ferner gehören zu diesem Material eine feste Unterlage, quadratische Blätter (14 x 14) und Buntstifte. Das direkte Ziel des Materials besteht darin, Farbkombinationen und die Verteilung von Flächen erfahren.

Einsatzfiguren

Das Bewegliche Alphabet

Laute Das Bewegliche Alphabet hilft dabei, die Sprache auf Laute hin zu untersuchen. Das Kind wählt Buchstaben aus und legt sie, während es ein Wort wie »Auto« ausspricht, in der Reihenfolge der Laute aus. So kann es zum Schreiben und Lesen gelangen.

Die Buchstabendecke

Die Buchstabendecke ist leicht selbst anzufertigen: Es handelt sich einfach um eine Decke, auf die die Buchstaben mit Kreuzstichen aufgestickt sind. Somit können sie über den Tastsinn erfahren werden. *Tastsinn* Dazu gibt es für jeden Buchstaben einen ansprechenden kleinen Gegenstand. Beispielsweise gehört zum Buchstaben H eine kleine Hasenfigur. Das Kind artikuliert nun den Anlaut (das H) und ordnet den betreffenden Gegenstand dem Buchstaben zu.

Die Buchstabendecke

Erstes Lesen

Die kleinen Gegenstände bieten einen Anreiz, neue Begriffe zu erfahren. Sie eröffnen Gesprächsanlässe, indem sie zu Fragen anregen wie: »Wo lebt ein Seehund oder ein Yak?«

Kinder auf dem Weg zum Schreiben erfahren, dass sich ein Wort durch den sinnvollen Zusammenhang der Buchstaben bildet, und sind erstaunt, wenn sie bemerken, dass sie schreiben können. Daraufhin beginnen sie, Geschichten zu schreiben (oder Briefe usw.).

Gabriel beobachtet Baumschneidearbeiten. Er malt und schreibt dazu: »Heute waren Bauabeiter da, die hatten Sagen und haben geabeitet.« Hier ist nicht die Rechtschreibung von Bedeutung, sondern die Tatsache, dass das Kind Freude am Schreiben zeigt.

Franziska hat der Besuch in der Konditorei sehr gefallen. Sie malt ein Bild und schreibt dazu.

Die Bäckerei/Konditorei, von Franziska gemalt und lautgetreu beschriftet

Eigener Name

Die Kinder erfahren auch noch auf andere Weise die Macht der Handschrift: Wenn ich mein Bild mit meinem Namen beschrifte, dann kennzeichne ich es unverwechselbar.

Die Pädagogin verteilt Malblätter und bemerkt, dass auf einem der Name fehlt. Luisa, gerade drei Jahre, ist empört. Sie zeigt der Pädagogin, dass dort sehr wohl ihr Name steht. Auch wenn der Name nicht lesbar ist – Zeichen sind eine erste Form von Schrift und kennzeichnen das Bild als Eigentum von Luisa.

6.11 Sprache und Bewegung

Bewegungsspiele

Sprechen ist motorische Aktivität. Viele Sprachförderkonzepte greifen daher auf die Wirkung von motorischen Aktivitäten zurück und beziehen Bewegungsspiele in die Sprachförderung mit ein. In Bewegungs- und Fingerspielen können Kinder Bedeutungsinhalte sowohl visuell als auch kinästhetisch wahrnehmen und kognitiv verarbeiten. Die rhythmische Komponente hilft den Kindern, ihre Aufmerksamkeit auf bestimmte sprachliche Aspekte zu richten.

Rhythmus

Viele Sing- und Bewegungsspiele haben ein festes rhythmisches Gerüst, bei dem nur einzelne Wörter verändert werden: »Die Füße sind zum Stampfen da; die Hände sind zum Klatschen da ...« Auf spielerische Weise lässt sich sprachlich und kinästhetisch der gesamte Körper entdecken – von vertrauten grobmotorischen Bewegungsformen bis hin zu feinmotorischen Details: Bewegungen des Gesichts (Augenbrauen, Lippen, Nase) oder auch die jeweils unterschiedliche Geschicklichkeit von Füßen und Händen. Mit ihrer gleichbleibenden Struktur und ihrem thematischen Schwerpunkt wird durch Bewegungsspiele ein zentraler Bereich des kindlichen Wortschatzes gefestigt und – mit kreativer Unterstützung der Kinder – erweitert (Substantive, Adjektive und Verben rund um den Körper und seine Bewegungsmöglichkeiten). Pantomime und Schattenspiele sind attraktive Möglichkeiten, um die sprachlichen Kenntnisse der Kinder zu wiederholen und zu stabilisieren.

Pantomime

Kinder malen und schreiben gerne in Sand, malen den eigenen Namen in die Luft oder schreiben ihn auf die beschlagene Fensterscheibe.

6.12 Sprache und Naturwissenschaften

Sprachliches »Handwerkszeug«

Die Naturwissenschaften geben Antworten auf die unzähligen Warum-Fragen der Kinder. Durch genaues Beobachten und Experimentieren finden Kinder selbst Antworten. Sprachliches Denken geschieht durch Geschichten, Lieder, Bücher. Die aktive Auseinandersetzung damit hilft dabei, neu Gelerntes im Gehirn zu verankern. Um Dinge und ihre

Eigenschaften nicht nur beschreiben, sondern auch miteinander vergleichen zu können, sind Wortbildungsmechanismen unerlässlich. Wenn Kinder Objekte wiegen, messen und vergleichen, benötigen sie den morphologischen Mechanismus der Steigerung von Adjektiven:

- Die Melone ist schwer (Grundform).
- Die Melone dort ist schwerer (Komparativ).
- Diese Melone ist am schwersten (Superlativ).

7. Die Übungen des praktischen Lebens

Ein weiteres charakteristisches Element der Pädagogik Montessoris sind die »Übungen des praktischen Lebens«. Dieses Kapitel erläutert ihren Sinn und stellt eine Reihe von Beispielen vor.

7.1 Bewegungskoordination und Unabhängigkeit

»Von Stufe zu Stufe geht das Kind seinen Weg. Wenn es verweilen will, dann verweilt es. Seine Schritte bestimmt es selbst. Wir räumen ihm die Steine aus dem Weg, nur wenn es nötig ist. Gehen muss es allein – geben wir ihm den Raum, dass es gehen kann, dass es atmen kann. Der Geist braucht diesen Raum, denn jedes Wachsen ist ein geistiges Wachsen« (Hans Elsner, mündlicher Vortrag bei einer Weiterbildung in der Fachgruppe Kosmische Erziehung).

Wasser gießen

Die »Übungen des praktischen Lebens« als Element der frühkindlichen Aktivität helfen dem Kind, das sich in der sensiblen Phase für Bewegung befindet, Bewegungen zu schulen, zu verfeinern und zu harmonisieren. Kinder wollen so werden wie die Erwachsenen. Sie tun gerne all das, was die Erwachsenen ihnen vorleben. Sie beobachten genau und ahmen nach. Im häuslichen Umfeld beteiligen sich die Kinder, sobald sie laufen können, an den Arbeiten der Erwachsenen. Jedoch werden immer mehr häusliche Tätigkeiten von Maschinen erledigt: Die Spülmaschine ersetzt das Spülen von Hand usw. Kindern ist es immer weniger möglich, Handlungsabläufe zu beobachten und dadurch Dinge verstehen zu lernen.[11]

Nachahmung der Erwachsenen

11 Zu den Übungen des praktischen Lebens vgl. auch Bläsius 2013 und 2015.

7.2 Ziele der Übungen des praktischen Lebens

Zu den Zielen der Übungen des praktischen Lebens gehören:

- die Förderung der Selbsttätigkeit und der Unabhängigkeit vom Erwachsenen
- die Entwicklung (Verfeinerung, Koordination, Harmonisierung) von Bewegungen und Bewegungsabläufen

Vielfalt der Ziele

- die Schulung der Fein- und Grobmotorik
- die Förderung des Verständnisses für Serialität (da das Kind die Handlungen in einzelnen, logisch aufeinander folgenden Schritten erfährt)
- der Aufbau und die Strukturierung der Persönlichkeit (indem Aufmerksamkeit, Bewegungen und Sinne koordiniert werden)
- die Entwicklung von Verantwortungsgefühl für sich und die Umgebung
- die Förderung der sozialen Kompetenz
- die Förderung der Fähigkeit, sich in eine Gruppe einzufügen und mit anderen Kontakt zu pflegen
- die Vermittlung der Kultur des Lebensumfeldes
- die Erweiterung des Wortschatzes (da das Kind neue Begriffe kennenlernt und zum Beschreiben von Handlungen geführt wird).

Fynn kommt heute als Erster ins Kinderhaus. Er knöpft seine Jacke auf und hängt sie an den Garderobenhaken. Nun löst er die Schuhbänder, streift die Schuhe ab, nimmt die Hausschuhe aus dem Schuhfach, stellt seine Schuhe dort hinein und zieht die Hausschuhe an. Er betritt den Gruppenraum, geht zur Pädagogin und begrüßt sie. Dann schaut er nach den Topfblumen und stellt fest, dass sie noch nicht gegossen sind. Er holt die Gießkanne und beginnt, die Pflanzen zu gießen. Es kommen weitere Kinder, sie begrüßen einander und kommen ins Gespräch. Oliver fragt Fynn, ob er mit ihm frühstücken möchte. Der Frühstückstisch ist noch nicht gedeckt, und die beiden Jungen beginnen, ihn zu decken. Das Telefon klingelt. Anastasia nimmt den Anruf entgegen, indem sie sich mit dem vollständigen Namen der Einrichtung meldet. Höflich beantwortet sie die Frage des Anrufers und verbindet in eine andere Gruppe.

7.3 Die Bewegungsanalyse: Durch Schauen erkennen

Bewegungsanalyse

Bei der Einführung von Übungen des praktischen Lebens ist eine detaillierte Bewegungsanalyse erforderlich, denn Kinder lernen durch Schauen und Nachahmung.

- Jede Handlung besteht aus einzelnen Elementen, die aufeinander folgen. Diese müssen für das Kind klar erkennbar sein.

- Die Einführungen geschehen exakt, deutlich und mit langsamen Bewegungen.
- Das spürbare Interesse der Pädagogin überträgt sich auf das Kind.
- Alle Materialien, die für eine Tätigkeit gebraucht werden, bereitet die Pädagogin sorgfältig vor und bietet sie in kleinen Körben oder auf Tabletts an.
- Die Materialien sind ästhetisch gestaltet und liebevoll geordnet. Das gehört zur »Sprache der Dinge«: Das Material weckt die Lust, tätig zu werden.

Beispiel: Anziehen eines Pullovers

Der Pullover liegt auf dem Tisch, mit dem Rücken nach oben, der Bund liegt direkt vor dem Kind. Die Ärmel sind seitlich oder nach oben ausgelegt. Beide Hände fassen den Pullover am Bund, möglichst weit auseinander, die Daumen greifen die Innenseite, die Handflächen die Außenseite. Der Rückenteil des Pullovers wird angehoben und zusammengeschoben, bis die Ärmellöcher sichtbar sind. Der aufgefaltete Rückenteil wird auf dem Nackenteil abgelegt, die Hände fahren in die Ärmellöcher. Die Arme werden angehoben und durch Schütteln und Ziehen durch die Ärmel geführt, bis sie bei den Bündchen herauskommen. Hierbei entfaltet sich der vorher zusammengeschobene Rückenteil.

Die Arme werden mit den Ärmeln wieder auf den Tisch gelegt. Die Hände in den Ärmeln bewegen sich auf den Körper zu – bis der Bund des Pullovers erreicht ist. Jetzt wird der Rückenteil wieder – wie beschrieben – zusammengeschoben, bis die Daumen in den Halsausschnitt greifen. Der Halsausschnitt wird über den Kopf gestreift, die Hände bewegen sich vor dem Körper nach unten, bis sie den Bund zu fassen bekommen. Am Bund wird der Pullover mit beiden Händen heruntergezogen.

7.4 Bereiche der Übungen des praktischen Lebens

Die Übungen des praktischen Lebens können in verschiedene Bereiche eingeteilt werden.

- Pflege der eigenen Person: die Hände waschen, sich an- und ausziehen, die Nase putzen, die Schuhe putzen, die Zähne putzen, sich kämmen, die Kleidung bürsten
- Pflege der Umgebung: Staub putzen, fegen, Blumen gießen, spülen, Böden und Fenster putzen, waschen, bügeln, die Tafel putzen, Material pflegen und aufräumen

Vielfalt von Bereichen

- Pflege der sozialen Beziehungen: zu anderen Kindern Kontakt aufnehmen, Verständigungs- und Umgangsformen einüben, Hilfen geben, Regeln entwickeln, Konflikte besprechen, grüßen, Geburtstage vorbereiten und feiern, Partizipation ermöglichen, Kinderkonferenzen durchführen
- Übungen der Stille: bewusst hinhören, Bodenbilder gestalten, partnerschaftlich malen, meditative Schreit- und Tanzbewegungen ausführen
- Übungen zur Koordination der Bewegung: auf der Linie gehen.

Wäscheklammern

Geschirr spülen

Bügeln

Arten von Aktivität

Die vielfältigen Übungen lassen sich auch nach Aktivitätsmotiven ordnen:

- tragen
- Übungen mit Wasser
- schütten, sieben, sortieren von festen Stoffen
- sortieren (von Perlen, Nüssen usw.)
- Muster legen
- öffnen und schließen
- schneiden
- einfädeln
- reiben.

7.5 Die Motivationsstufen oder die Stufen des Tuns

Bei den Übungen des praktischen Lebens sind verschiedene Stufen zu unterscheiden:

1. Stufe:
Tun um des Tuns willen
Die Kinder wiederholen die Übungen spontan, ohne darauf zu achten, ob sie einen Zweck haben oder wie sie sich in die Umgebung einfügen. Wir bezeichnen dies als Selbstzweck oder »Tun um des Tuns willen«. Das Kind bürstet einen Schuh, ohne dass dieser schmutzig ist (Selbstzweck). Es gießt Wasser von einem in das andere Gefäß und wiederholt diese Übung immer wieder (Freude an der Tätigkeit und der Bewegung).

Aufeinander aufbauende Stufen

2. Stufe:
Wachsendes Interesse an der Tätigkeit
Auf dieser Stufe steht nicht mehr die reine Funktionslust im Mittelpunkt, sondern dem Kind wird der Sinn eines Tuns bewusster. Es achtet auf die exakte Ausführung und die Vollständigkeit der Handlungen, etwa darauf, beim Gießen nichts zu verschütten oder beim Metallputzen das Putzmittel einwirken zu lassen.

3. Stufe:
Ergebnisorientiertes Handeln
Das Ergebnis seines Handelns wird dem Kind wichtig. Es wird ihm bewusst, welche Bedeutung sein Tun innerhalb der Gemeinschaft und der Umgebung hat. Es achtet darauf, dass das Wasser beim Gießen exakt bis zur Markierung eingefüllt wird und dass kein Wasser verschüttet wird. Nicht nur die eigene Tätigkeit ist wichtig, sondern das Kind nimmt seine Umgebung bewusster wahr, achtet sie und fühlt sich verantwortlich.

4. Stufe:
Sozialer Aspekt
Zunehmend übernimmt das Kind Verantwortung für sein Handeln und die Gemeinschaft: Es gießt einem anderen Kind beim Frühstück Tee ein oder hilft ihm beim Zerteilen eines Apfels. Die Übungen fördern also auch die Strukturierung der Persönlichkeit und die soziale Kompetenz.

7.6 Fehlerkontrolle

Die Fehlerkontrolle geschieht bei den Übungen ganz zwanglos und ist ein wichtiger Bestandteil der Übungen selbst: Die Kinder merken selbst, wenn Wasser verschüttet wird, wenn die Unterlage schmutzig wird oder wenn (unangebrachte) Geräusche entstehen.

Wirkungen der Fehlerkontrolle

Die Fehlerkontrolle führt dazu, dass die Kinder behutsam und konzentriert arbeiten – was an exakten Bewegungen und interessierter Mimik zu erkennen ist. Für sie ist nicht von Bedeutung, was sie tun, sondern wie sie es tun, frei und ohne Zeitdruck. Die Bewegungen verfeinern und koordinieren sich. Das ganzheitliche Schulen von Bewegungsabläufen ist effektiver als einseitige Gymnastik.

Montessori formulierte es folgendermaßen: »Nun enthalten die Arbeiten des praktischen Lebens einige dieser Vorteile wie zum Beispiel die exakte Benutzung von Gegenständen, die disziplinierte Aufmerksamkeit und die durch Bewegungen erzielte endgültige Perfektion. Der sittliche Zweck ist jedoch ein anderer, weil diese Übungen nicht durch den Geist von Wettkampf und Wettbewerb angespornt werden, sondern durch die Liebe der Kinder zu ihrer Umgebung. Mit einer solchen Gymnastik wird deshalb ein wirkliches ›Sozialgefühl‹ entwickelt [...]« (Montessori 1980: 109).

Freude und inneres Gleichgewicht werden spürbar. Die Übungen sind in das Spiel des Kindes eingebunden und lösen keinerlei Druck aus – eine Spielfreiheit, die keine Spielerei ist. Lernfreude und Neugier werden geweckt.

7.7 Praxisbeispiele

7.7.1 Pflege der eigenen Person

Der Schleifenrahmen

Material:

- quadratische Holzrahmen (ca. 30 x 30 cm), die mit zwei Stoffteilen versehen sind, an deren Innenseite sich die Verschlüsse befinden.

Ziel:

- Umgang mit verschiedenen Verschlüssen
- Selbstständigkeit
- Entwicklung der Motorik
- Koordination der Bewegung.

Alter:
ca. 3 Jahre.

Darbietung und Übung:
Zunächst öffnet die Pädagogin von unten nach oben Schleife für Schleife, indem sie die Enden der Bänder fasst und nach außen zieht. Dann klappt sie die Stoffteile auseinander und ordnet die Bänder an den Seiten.

Nun fasst sie mit beiden Händen jedes Stoffteil an den Ecken an und legt sie zur Mitte. Anschließend nimmt sie die beiden unteren Bänder und legt sie durch Kreuzen der Arme (auf der Höhe der Handgelenke) übereinander. Das geschieht ebenso mit allen anderen Bändern. Danach werden die Bänder etwas angehoben, und die Pädagogin schiebt das Ende des oberen Bandes unter das andere Band und zieht es fest. Dadurch entsteht der Knoten.

Mit einem Band bildet sie nun eine Schlaufe und hält diese dicht am Knoten mit Daumen, Zeige- und Mittelfinger fest. Daumen, Zeige- und Mittelfinger der anderen Hand führen das freie Band von vorne nach hinten um die Schlaufe und stecken es durch die entstehende Öffnung über dem Knoten.

Dann zieht die Pädagogin beide Schlaufen gleichzeitig so an, dass eine Schleife mit zwei gleichen Schlaufen und Enden entsteht.

Das Kind kann nun diese Übung im Ganzen oder nur einen Teil derselben wiederholen.

Kommentar:
Die Beschreibung eines derart komplexen Vorganges, wie es das Binden von Schleifen ist, ist ausgesprochen schwierig. Auch der Erwachsene lernt, wie das Kind, aus Beobachtung. In Montessori-Diplomlehrgängen arbeitet man daher mit Darbietungen des Dozenten.

Es gibt zwölf Rahmen mit verschiedenen Verschlüssen.

Durch die Analyse des Ablaufes und die Wiederholung wird der Vorgang dem Kind deutlicher gemacht.

Nicht nur die Hände, sondern auch die Arme werden für die Bewegungen mit den Bändern in Anspruch genommen. Dabei muss umgegriffen werden.

Fehlerkontrolle:
Die Stoffteile passen nicht zueinander. Die Schleife löst sich von selbst.

Anwendung:
An den Schuhen oder der Kleidung anderer Kinder, später auch an den eigenen Schuhen.

7.7.2 Bereich: Pflege der Umgebung

Metall putzen

Material:

- eine Unterlage (auf einem Tablett)
- flüssiges Metallputzmittel in einer kleinen Flasche
- je ein Schälchen für Putzmittel und Watte
- eine Schale für gebrauchte Wattetupfer
- ein Poliertuch
- ein nicht zu kleiner, glatter Metallgegenstand (Messing, Kupfer oder Silber)
- später eine kleine Bürste und Wattestäbchen.

Ziel:

- Entwicklung und Koordination der Bewegung.

Alter:

ca. 3 Jahre.

Metall putzen

Darbietung und Übung:

Die Pädagogin bereitet mit dem Kind den Arbeitsplatz vor. Alle Gegenstände, die das Kind braucht, werden von links nach rechts in seinem Blickfeld (an dessen oberem Rand) angeordnet.

Zuerst schüttelt die Pädagogin die kleine Flasche mit dem Metallputzmittel. Dabei hält sie den Verschluss fest. Sie stellt die Flasche auf die Unterlage zurück, dreht den Verschluss auf und legt den Deckel mit der Oberseite nach unten hin. Sie gießt ein wenig Putzmittel in das Schälchen, schließt die Flasche und stellt sie an ihren Platz zurück. Mit einem Wattetupfer nimmt sie ein wenig Putzmittel aus dem Schälchen. Sie zeigt dem Kind die kleine Menge des Putzmittels auf dem Tupfer und verteilt es langsam und sorgfältig mit kreisenden Bewegungen auf dem Gegenstand. Der schmutzige Tupfer wird in die dafür bestimmte Schale gelegt. Während die Pädagogin das Putzmittel einwirken lässt, gießt sie das übrige Mittel in die Flasche zurück und schließt sie wieder. Danach nimmt sie einen anderen Tupfer und reibt das Putzmittel von dem Metallgegenstand ab. Sie zeigt dem Kind den Schmutz auf dem Tupfer. Die gesamte Übung führt sie ohne Unterbrechung mit langsamen, genauen Bewegungen und sichtbarem Interesse an der Sache aus. Dieser Vorgang wird so oft wiederholt, bis der Tupfer sauber bleibt und der Gegenstand vollständig blank ist. Dann zeigt die Pädagogin ihn dem Kind.

Hierbei wird die Aufmerksamkeit des Kindes besonders fokussiert. Dies wird in der Montessori-Pädagogik als »Interessenpunkt« bezeichnet.

Die Pädagogin nimmt das Poliertuch und führt damit die Ergebniskontrolle durch, indem sie mit leichtem Druck über den Metallgegenstand wischt.

Die Pädagogin fordert das Kind auf, die Übung zu wiederholen, und sieht ihm dabei zu. Sie kann sich nach einiger Zeit zurückziehen, hält aber immer Verbindung mit dem übenden Kind.

Hat es die Übung abgeschlossen, zeigt die Pädagogin, wie das gebrauchte Material gereinigt und aufgeräumt wird. Anschließend werden die Hände gewaschen.

Kommentar:

- Die Gegenstände werden von links nach rechts (Schreibrichtung) angeordnet.
- Eine größere Flasche wäre eine zusätzliche Schwierigkeit für das Kind.
- Es ist eine besondere Schwierigkeit, weder zu viel noch zu wenig Putzmittel zu nehmen.
- Interessenpunkte bei dieser Übung sind auch: öffnen und schließen, schütteln, schrauben.
- Neue Gegenstände und Arbeitsgeräte können bewirken, dass das Interesse des Kindes an der Tätigkeit länger erhalten bleibt.
- Erst mit dem Aufräumen ist die Übung abgeschlossen.

So ermöglicht man dem Kind, den Ablauf der Tätigkeit im Zusammenhang zu erfahren, die einzelnen Handlungen genau zu erkennen und die Aufmerksamkeit ganz auf die Sache zu richten.

Variation:

- Die Schwierigkeit wird gesteigert durch kleinere, verschieden geformte oder verzierte Gefäße.
- Wattestäbchen oder ähnliche Materialien kommen zum Einsatz.

Fehlerkontrolle:

- Der Gegenstand glänzt.
- Das Poliertuch ist schmutzig.
- Es gibt keine Reste des Putzmittels mehr auf dem Gegenstand.

Anwendung:

- Reinigen von Alltagsgegenständen wie z. B. Kerzenständer, Glocken, Felgen der Kinderfahrräder.[12]

7.7.3 Pflege des sozialen Miteinanders

Frühstücken

Frühstücken bedeutet mehr als Nahrungsaufnahme, nämlich vor allem Kommunikation und soziale Interaktion. Jedes Kind bestimmt selbst, wann und mit wem es frühstücken möchte, und frühstückt ohne Zeitdruck. Die Kinder verabreden sich zum Frühstück – wie Freunde, die einen Termin zum Essengehen vereinbaren.

Die ersten Kinder, die ins Kinderhaus kommen, bereiten den Frühstückstisch vor. Bei der Gestaltung des Tisches spielt die Ästhetik eine wichtige Rolle.

Anastasia und Marlene nehmen sechs Platzdeckchen aus dem offenen Regal und legen sie auf die Plätze. Die Deckchen sind aus Stoff und im Dekor auf die Jahreszeiten abgestimmt. Auf jedes Deckchen stellen sie Dessertteller, Untertasse und Tasse. In die Tischmitte legen sie ein weiteres quadratisches Deckchen. Darauf finden der Serviettenständer, ein Gefäß mit Löffeln, ein Schneidemesser und ein Korb für Tischabfälle Platz. Weiterhin stellen sie eine Schale mit Blumen und einen Kerzenständer auf den Tisch. Anastasia zündet die Kerze an, während Marlene in die Küche geht, um eine Kanne mit Milch zu holen. Die Pädagogin bringt frisch zubereiteten Tee, welchen Anastasia aus der großen Kanne in eine kleine Kanne gießt. Schließlich wird noch eine Wasserkaraffe auf den Tisch gestellt.

Die Kinder setzen sich zusammen und bilden für die Dauer des Frühstücks eine Gemeinschaft. Hier wird in gemütlicher Runde Gemeinschaft erlebt, es wird diskutiert und gelacht, und Freundschaften werden geschlossen. Nach dem Frühstück spült und trocknet jedes Kind sein Geschirr ab und bereitet den Platz für das nächste Kind vor.

Fynn hat einen Apfel mitgebracht und legt ihn auf den Dessertteller, nimmt ein Messer und teilt den Apfel erst in zwei und schließlich in vier Stücke. Dann löst er das Kerngehäuse heraus und wirft es in die Schale für Tischabfälle. Er ordnet die Apfelstücke auf seinem Teller an und legt einige Weintrauben dazwischen. Anschließend verzehrt er genüsslich die Früchte.

12 Die bisher dargestellten Beispiele für Übungen des praktischen Lebens sind (mit Modifikationen) entnommen aus: Deutsche Montessori-Vereinigung 2014.

Die Übungen vermitteln den Kindern einen Einblick in die vielfältigen Möglichkeiten sozialen Umgang miteinander. Sie werden in Kleingruppen erarbeitet, oft auch in Rollenspielen. Die Themen, die die Kinder in den Übungen des sozialen Lebens bearbeiten, sind beispielsweise:

- Formen des Grüßens: Wie begrüße ich verschiedene Personen (Mama, Papa, Großeltern, Freunde, die Erzieherin, fremde Personen)? Wie begrüßen sich Menschen in anderen Ländern / Kulturen?
- Besuch: Besuch bekommen / jemanden besuchen
- Besuch im Krankenhaus oder beim Arzt / Zahnarzt
- Gratulation: Geburtstag, Namenstag, Hochzeit, Taufe, Geburt
- Geburtstag: seinen Geburtstag feiern
- Urlaub: in Urlaub fahren und die Koffer packen.

Beispiel: Ich habe Geburtstag

Materialien:

- eine Handpuppe
- ein Geburtstagshut
- eine Geburtstagskrone oder ein Geburtstagskranz (je nachdem, was in der Gruppe üblich ist)
- ein kleiner Kuchen, ein Luftballon, Kerzen, eine Blume, eine Flöte, ein Bonbon, eine Tischdecke, eine Girlande, ein Geburtstagspäckchen, Schokolade, ein Zauberstab, eine Wunderkerze.

Die Materialien werden an die Kinder verteilt. Die Pädagogin führt die Handpuppe (Teddy).

Teddy hat heute Geburtstag, er ist schon ganz aufgeregt. Die Pädagogin erklärt Teddy, dass viele Gäste kommen, um mit ihm zu feiern.

Ein Kind bringt den Geburtstagshut und erklärt Teddy, warum er diesen tragen darf. Eines bringt die Girlande, ein anderes den Luftballon, die Tischdecke, den Kuchen und die Kerzen. Es folgen die Geschenke, und die Überbringer gratulieren in unterschiedlicher Weise. Dann singen alle ein Geburtstagslied. Sie wünschen Teddy Glück, und er pustet die Kerzen aus. Danach lädt er alle ein, mit ihm von seinem Geburtstagskuchen zu essen.

Jahrskreis

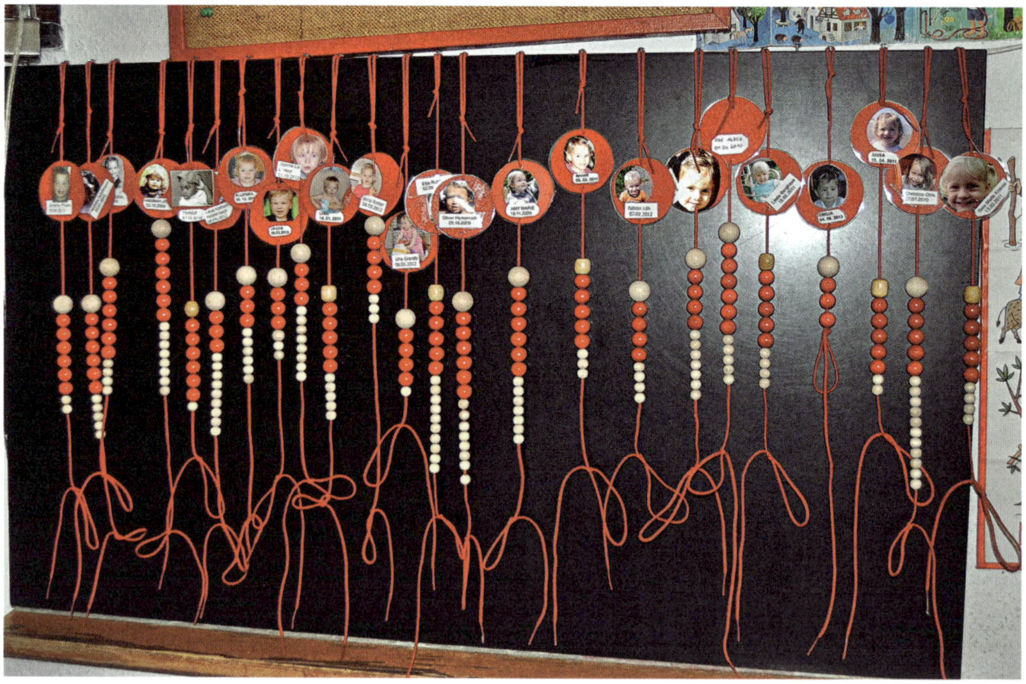

Geburtstagsketten

Kinderkonferenzen

Kommunikation auf Augenhöhe

Zu den Übungen zur Pflege der sozialen Beziehungen gehören Kinderkonferenzen, bei denen Regeln und sonstige Angelegenheiten des Miteinanders erörtert werden. Kinder und Pädagogen sind dabei gleichberechtigte Partner, es herrscht ein autonomes Miteinander. Die aufmerksame Pädagogin lernt, die Dinge aus der Sicht der Kinder zu sehen, mit ihnen in einen offenen Dialog zu treten, ihnen aktiv zuzuhören, sie ernst zu nehmen, sie bei der Entscheidungsfindung zu unterstützen und Gespräche zu moderieren. Das Kind wird als aktiver Mitgestalter in die Gestaltung des Lebens in der Einrichtung einbezogen (Partizipation).

Tobias besucht seit einigen Monaten das Kinderhaus. Oft steht er am Rand, beobachtet, wählt sich aber keine eigene Arbeit. Er kommuniziert mit den anderen Kindern, lässt sich jedoch selten auf ein gemeinsames Spiel und Tun ein. Die Pädagogin beobachtet Tobias, fordert ihn aber nicht zu einer Aktivität auf. Sie vertraut dem Kind, weil sie weiß, dass manche Kinder diese lange Phase der Beobachtung brauchen, um eigenaktiv handeln zu können. Nach einiger Zeit nimmt Tobias am Gruppengeschehen Anteil, indem er sich einem Material zuwendet. Er hatte Zeit, sich durch Beobachten die benötigten Kompetenzen anzueignen, und agiert nun selbstbestimmt. Er lernt, eigene Interessen mit anderen Interessen in Einklang zu bringen, eigene Standpunkte und Meinungen einzubringen, Kompromisse einzugehen und gemeinsame Lösungen auszuhandeln.

7.7.4 Stilleübungen

Wenn jemand sich mit Interesse einer Sache zuwendet, sich in sie vertieft und konzentriert und sachbezogen daran arbeitet, entsteht Stille. Ein gutes Gespräch im Gruppenalltag erfordert es, dass die Beteiligten nicht nur reden können, sondern auch schweigen und hören. Ein friedliches Miteinander, in welchem ein Kind dem anderen Raum gibt, setzt voraus, dass die Kinder sich untereinander bewusst wahrnehmen. Dies kann am besten in Stille geschehen. Auch ein gutes Lernklima wird von der Stille begünstigt. Wo Stille ist, können Dinge geschehen wie Zuhören, Erzählen, gutes Singen, freies Gestalten und die Ablösung von ziellosen, lärmenden Bewegungen.

Bedeutung der Stille

Stilleübungen als Gruppenübung

Zu den Übungen der Stille werden die Kinder behutsam eingeladen. Die stille Zeit wird am besten dadurch eingeleitet, dass eine Glocke, eine Klangschale oder ein Gong angeschlagen wird. Die Kinder wissen dann: Ab jetzt wird nicht mehr gesprochen – nur die Erzieherin gibt anfangs einige Impulse. Die Übungen selbst finden in einem ruhigen, abgedunkelten Raum statt. Günstig ist ein Holzfußboden mit Matten oder ein Raum mit Teppichboden. Die Kinder tragen bequeme Kleidung und nehmen eine Sitzhaltung ein, in der sie bequem länger sitzen können. Alle Bewegungen geschehen sparsam: Die Pädagogin lenkt die Aufmerksamkeit der Kinder auf sich und zeigt verschiedene Sitzpositionen. Dies geschieht wortlos, und die dabei entstehende Stille leitet unmittelbar in die Übung selbst ein. Die Kinder lernen eher durch Nachahmung als durch Worte (wie etwa: »Wir setzen uns still hin«). Das bewusste Beachten und Kontrollieren selbst der kleinsten Bewegungen lässt diese schließlich zur Ruhe kommen. Im bewussten Sitzen, Liegen, Atmen nehmen die Kinder ihren eigenen Körper wahr, sie »kommen zu sich selbst«. Gefühle und Gedanken werden geordnet, und in der Stille wächst Gemeinsamkeit. Die Kinder fühlen sich wohl, es entsteht ein Gefühl der Verbundenheit. Die Stilleübungen haben keinen direkten Zweck, aber Stille genießen bedeutet: Ausgeglichenheit, Freude, Ruhe, Heiterkeit.

Methodik

Stilleübungen führen zu einer intensiven Wahrnehmung äußerer Geräusche, die nicht stören, aber bewusst werden – wie der Gesang von Vögeln, der in der Stille bewusst gehört wird. Die Bewegungen werden verfeinert: Koordination, Gleichgewicht und Geschicklichkeit nehmen zu. Stille führt zum besseren Zuhören, und auch Tätigkeiten wie Erzählen, Malen oder Gestalten gelingen besser. In der Stille können Erfahrungen intensiver erlebt werden. Stille fördert die Konzentration und die Polarisation der Aufmerksamkeit und bildet eine Grundlage für die religiöse und die Kosmische Erziehung.

Wirkungen

Zwölf Kinder sitzen auf Matten im Kreis. Die Pädagogin stellt eine große Kerze vor sich hin. Sie nickt einem Kind zu, das sich langsam nähert. Emily nimmt ein Streichholz aus der Dose und zündet die Kerze an; dann geht sie leise zu ihrem Platz zurück. Die Päd-

agogin nimmt die Kerze in beide Hände, hebt sie etwas an und schaut aufmerksam in die Flamme. Dann reicht sie die Kerze weiter an Oliver, der neben ihr sitzt. Dieser übernimmt vorsichtig die Kerze, hält sie fest und schaut intensiv in die Flamme. So wird die Kerze in der Runde weitergegeben. Das letzte Kind wird durch ein Nicken der Pädagogin gebeten, die Kerze in der Mitte des Kreises abzustellen.

In der Kreismitte liegt ein Tuch, in dem Erde verborgen ist. Durch leises Ansprechen fordert die Pädagogin einzelne Kinder auf, die Enden des Tuches vorsichtig zur Seite zu legen, und die Erde wird sichtbar. Nun kniet sich die Pädagogin vor das Tuch, ertastet die Erde und beschreibt ihre Eigenschaften. Sie erzählt von der Erde. Die Kinder werden angeregt, die Erde ebenfalls zu ertasten und von ihren Erfahrungen zu berichten.

Die Erde kann mit Löwenzahnblättern, Blüten, Pusteblumen oder anderem Naturmaterial geschmückt werden.

Eine Glocke wird im Kreis herumgegeben. Hier geschieht bewusstes Hören oder ein In-die-Stille-Lauschen und Zu-sich-selber-Kommen.

Glocken

7.7.5 Eine Übung zur Koordination der Bewegung und zur Stille: Das Gehen auf der Linie

Das Gehen auf der Linie

Der Fuß des Menschen entwickelt sich später als die Hand, und er trägt, sozusagen auf schmaler Basis, das Kind bei seinem aufrechten Gang. Im Gehen übt das Kind das Gleichgewicht. Das Kleinkind hat Schwierigkeiten, sich auf seinen Füßen zu halten, da der Unterkörper im Verhältnis zum Oberkörper schwach entwickelt ist. Später sucht das Kind dann nach Möglichkeiten, sein Gehen zu üben und zu differenzieren. Es balanciert gerne über Baumstämme und niedrige Mauern.

Gleichgewicht

Beim Balancieren wird der vestibuläre Sinn (Gleichgewichtssinn) besonders gefordert. Die Arme helfen dabei, den Körper in eine ausgewogene Position zu bringen, sodass das Kind seine Bewegungen leichter koordinieren kann.

Vorbereitung:

- Eine Linie in Form einer Ellipse wird auf den Fußboden gezeichnet. Je schmaler die Linie, desto schwieriger die Bewegungskoordination. Die Länge der Linie richtet sich nach dem Raum, in welchem sie sich befindet. In jedem Fall sollen die teilnehmenden Kinder auf Sitzkissen um die Linie herum Platz finden.
- Es werden verschiedene Gegenstände bereitgelegt, die die Kinder während des Gehens in der Hand halten können: Fähnchen, Zweige, Glöckchen, kleine Körbe mit Blumen, Glaskugeln am Band, Sandsäckchen, Kerzen, Löffel mit einer Kugel, Kreisel auf einem Teller, der Rosa Turm. Die Auswahl richtet sich nach der Jahreszeit und den Fähigkeiten der Kinder.

Übung:

Durchführung der Übung

Die Kinder versammeln sich und setzen sich auf kleine Matten um die Linie herum. Wenn alle sitzen, zeigt die Pädagogin die Übung. Sie stellt ihre Füße so auf die Linie, dass die Ferse des vorderen Fußes von der Fußspitze des hinteren Fußes berührt wird. (Das ist der sogenannte Gänsefüßchengang.) Dann geht sie gegen den Uhrzeigersinn vorwärts, breitet die Arme aus und achtet auf ihre Körperspannung. Nachdem sie ein Stück die Ellipse entlanggegangen ist, flüstert sie leise den Namen eines Kindes. Dieses steht nun langsam auf und beginnt, von seinem Platz aus die Linie entlangzuschreiten, ebenfalls gegen den Uhrzeigersinn. Wenn alle Kinder zum Gehen eingeladen worden sind, verlässt die Pädagogin die Linie, um die Kinder besser beobachten zu können.

Die Übung endet, wenn die Pädagogin leise ein Kind anspricht: »Anna, wenn du an deinem Platz vorbeikommst, kannst du dich wieder setzen.«

Zuerst macht es den Kindern Mühe, über die Linie zu gehen: Sie gehen unkoordiniert, wackeln mit den Armen, kommen von der Linie ab, geraten ins Schwanken oder gehen sehr langsam. Oft geschieht es, dass ein großes Stück der Ellipse noch frei ist und einige Kinder sich sehr eng hintereinander bewegen.

Variationen

Wenn sie mit der Übung schon einigermaßen vertraut sind, regt die Pädagogin die Kinder dazu an, in einem gleichen Abstand zu gehen. Dann gelingt es ihnen auch leichter, nicht auf ihre Füße zu starren, und Verkrampfungen lösen sich.

Zur Unterstützung kann leise, nicht-rhythmische Musik das Gehen begleiten. Rhythmische Musik stört dagegen das Tempo und die Bewegung der Kinder. Sie führt auch nicht zur Stille und zu einem Sich-Versenken in sich selbst. Gut geeignet ist klassische Musik oder Panflötenmusik. Eigens für das Gehen auf der Linie hat Keiko Shinohara-Akabane, die Leiterin eines Kinderhauses im japanischen Kyoto, eine Musik zum Gehen auf der Linie komponieren lassen.

Ist das Gehen sicherer und fließender geworden, erhalten die Kinder kleine Gegenstände: zuerst in eine Hand (beispielsweise) eine Flagge, die in Schulterhöhe getragen wird – die Hand des Kindes darf beim Gehen nicht sinken –, dann in beide Hände Flaggen oder Zweige. Nun ist es noch schwerer, die Körperspannung zu halten und gleichzeitig auf die Linie, den Abstand und den Gegenstand zu achten. Als Nächstes können Gläser folgen, die bis zum Rand mit Wasser gefüllt sind und nicht überlaufen sollen, oder eine Glocke, die an einem Band getragen wird und nicht läuten soll, oder auch eine schöne Kugel an einem Band, ein Samtkissen mit einer Muschel, ein Kreisel, der sich auf einem Teller dreht, eine Kugel auf einem Löffel, der Rosa Turm, brennende Kerzen und anderes mehr. Sandsäckchen, die die Kinder auf dem Kopf tragen, bedeuten eine weitere Schwierigkeit. Hier muss das Kind sich sehr strecken und die Schultern konstant in derselben Position halten (ohne dass es sich dies bewusst machen muss).

Dadurch, dass die Übung häufig durchgeführt wird, wird das Gehen der Kinder fließender und harmonischer.

Ziele In sich selbst versinken und zu sich selbst kommen sind die Ziele der Übung »Gehen auf der Linie«. Hans Elsner, ehemaliger Schulleiter der ersten Montessori-Schule in Köln, beschreibt den Sinn der Übung in poetischen Worten folgendermaßen:

Gehen auf der Linie

Nimm den Gurt von der Schulter! Leg die Trommel nieder! Ihr Dröhnen fällt stumm ins Moos, wenn die Kindheit barfuß daherkommt. Stein an Stein liegt eine lange Reihe und ist Grenze zugleich zwischen Weg und Rinne und ist breit wie ein Fuß, wie ein Fuß des Jungen, der darübergeht, als wär' dieser Weg das Dach seines Traums und der Bordstein ein First nahe den Wolken. Er geht und vergisst, und weil er vergisst, geht er sicher über Stein und First, entlang dem eilenden Regen, Fuß nach Fuß, Stein bei Stein. Wie Flügel breiten die Arme sich aus, und leicht wird der Weg. Das Kind fällt nicht in das Wasser mit dem Fuß, der der Rinne am nächsten, nur manchmal, das Wasser spritzt über Bein und Schuh. Es schaukelt mehr, als dass es geht. Weich ist sein Schritt wie ein Druck der Hände, die am Morgen noch lagen auf seinem Haar, eh' es das Haus verließ, zu spielen mit Weg, Fuß und Flügel. Federnd im Knie, wenn ein Fuß vor dem anderen, den Bordstein entlang, die Balance gefunden, geht er, der Junge, als wär' er ein Vogel, auf leichten Wellen getragen vom Silber, das keinen Schatten wirft und unter ihm davonzieht wie Tücher im Wind. Ist selber Silber, hat seinen Platz zwischen Himmel und Erde. Geht seinen Weg und sucht seine Welt im Wasser, im Wind, im Sand, in der Sonne – und findet die Sonne, die Welt in sich selbst, wo immer sie war, eh' sein Fuß begann diesen Weg. Mit Farbe für dich gemalt, auf den Boden gemalt eine Linie in schönem Bogen, der wie der Lauf der Erde in sich selber zurückkehrt, weder Anfang hat noch ein Ende. Drei Finger breit ist die Farbe auf dem Boden. Ein Kinderfuß ruht aus, ihn zu bedecken einen Glockenschlag lang, ehe der nächste Schritt den Bogen nimmt, gefolgt von Fuß auf Fuß, von Schritt auf Schritt. Das ist die Linie, die wie ein Gürtel die Halme des Sommers der Kindheit bindet. Er setzt den Fuß auf die Linie wie das Meer auf den Sand seine Wellen. Wie die Wellen der Welle folgen Kinder dem Kind, sie eilen nicht. In die Hand, die sie öffnen, gibst du den Ball, ein Buch, ein Glas Wasser, eine Fahne. Ruhig geht das Kind und die Ruhe geht mit durch Zeit und Raum, bindet sich an die Linie, geht einfach dahin, ist selber Ziel und ist Reichtum und Armut zugleich auf der Welt – und ist jenseits von allem, da der Anfang das Ende, das Ende der Anfang sich finden im Schritt der kleinen Füße, die nicht wissen vom Nebel in den Tälern des frühen Sommers. Nur die Hände, die mit den Füßen zurückbringen, was sie tragen, den Ball, das Wasser im Glas, die Fahne – sinken nach unten, den Kreis beenden, und fallen wie Blätter im Herbst, die alleine nur wissen, wann für sie der Winter beginnt. Geht nur Kinder, geht diesen Weg! Es gibt kein Ziel außer eurem Weg, es gibt keinen Weg außer: ihr geht ihn. **(Elsner 1991)**

8.

Kosmische Erziehung

»Vom Ganzen ausgehen« – dieser Grundsatz Montessoris kommt in besonderer Weise im Konzept der »Kosmischen Erziehung« zum Ausdruck. Das achte Kapitel skizziert die verschiedenen Dimensionen dieses Konzepts und verdeutlicht an einem Beispiel seine Umsetzung.

Das Staunen ist eine Sehnsucht des Wissens
(Thomas von Aquin zugeschrieben).

Fragt mich aber jemand nach meinen Kindheitserinnerungen, dann gilt mein erster Gedanke trotz allem nicht den Menschen, sondern der Natur. Sie umschloss all meine Tage und erfüllte sie so intensiv, dass man es als Erwachsener gar nicht mehr fassen kann. Der Steinhaufen, wo die Walderdbeeren wuchsen, die Leberblümchenstellen, die Schlüsselblumenwiesen, die Blaubeerplätze, der Wald mit den rosa Erdglöckchen im Moos, das Gehölz rings um Näs, wo wir jeden Pfad und jeden Stein kannten, der Fluss mit Seerosen, die Gräben, die Bäche und Bäume, an all das erinnere ich mich besser als an die Menschen. Steine und Bäume, sie standen uns nahe, fast wie lebendige Wesen, und die Natur war es auch, die unsere Spiele und Träume hegte und nährte (Astrid Lindgren).

In den Geschichten und Büchern von Astrid Lindgren begegnet uns eine Kindheit, in der Kinder jede Menge Freiheit hatten, die Natur sinnlich zu entdecken, einfach zu staunen und nach Antworten zu forschen, ohne Zeitdruck. Sie übernahmen Verantwortung für ihr Verhalten und ihre Umgebung.

Was ist Kosmische Erziehung?

Die Montessori-Pädagogik lässt sich (wie jede andere Pädagogik) in Theorie und Praxis unterteilen. Der praxisbezogene Teil der Ausbildung umfasst verschiedene Aspekte des Wissens: Übungen des täglichen Lebens, Sinnesmaterial, Mathematik, Sprache, Geometrie und Kosmische Erziehung. Die Kosmische Erziehung kann in gewisser Weise als eine Zusammenfassung aller naturwissenschaftlichen und geisteswissenschaftlichen Bereiche verstanden werden. Sie vereinigt in gewisser Weise all das in sich, was diese Fächer gemeinsam haben: die Entdeckung und Erkenntnis der Welt, der gesamten Schöpfung. Das Gemeinsame ist zugleich der »Stoff« der Kosmischen Erziehung und ihr geistiger Inhalt.[13]

Vom Ganzen ausgehen

Die Kosmische Erziehung geht vom Ganzen aus und hat immer das Ganze als Ergebnis und Ziel im Blick. »Wir können das Ganze mit einem Tuch vergleichen, in dem jedes Detail eine Stickerei darstellt, während sich das Ganze zu einem wunderbaren Gewebe zusammenfügt« (Montessori 1966: 51). Bei allem, was das Kind tut, sammelt es Erfahrungen mit dem Ganzen. Wir erzählen beispielsweise zuerst vom Anfang der Erde und gehen dann ins Detail (vgl. Abschnitt 8.3). In der Natur gibt es dazu immer neue Beispiele. Die Pädagogin unterstützt das Kind, indem sie in der Kosmischen Erziehung etwas exemplarisch auswählt und dem Kind Hilfen zum Entdecken anbietet. Hilfen sind das Sammeln, Bestimmen (Kategorisieren), Vergleichen und (Ein-)Ordnen. Kinder sammeln Steine, ordnen sie nach Aussehen oder Art, stellen Fragen dazu und erhalten Antworten durch die Pädagogin oder finden sie in der Vorbereiteten Umgebung. »Die Phantasie kann das Ganze rekonstruieren, wenn sie das wirkliche Detail kennt« (Montessori 1988: 122).

Die Fachgebiete der Montessori-Praxis (Sinneserziehung, Übungen des praktischen Lebens, Sprache, Mathematik, Geometrie) haben im Gegensatz zur Kosmischen Erzie-

13 Zur Kosmischen Erzeihung vgl. Helmle / Wöbcke-Helmle 2016, wo sich auch zahlreiche praxisbezogene Anregungen für die Arbeit im Kinderhaus finden.

hung ein klar aufgebautes und abgegrenztes Programm, in dem das Montessori-Material eine besondere Hilfe bietet für die Selbsttätigkeit und zugleich für die Bindung an die Sache. In der Kosmischen Erziehung steht das Material nicht im Dienste der Erfüllung von Bildungsplänen, sondern es soll dem Kind eine Hilfe sein, den Sinn der Ordnung im Kosmos immer besser zu erkennen.

Rolle des Materials

Die Kosmische Erziehung zeigt den Kindern einen Weg, selbsttätig und neugierig die Welt zu erobern und dabei gleichzeitig Verantwortung zu übernehmen für sich selbst und ihr Handeln, ja überhaupt für die Erde und alle Lebewesen, die auf ihr leben. Alles ist miteinander verbunden und bedingt sich gegenseitig. Kosmos bedeutet auch Ordnung, Harmonie, Schönheit. Der kosmische Schöpfungsplan weckt im Menschen das religiöse Gefühl der Dankbarkeit gegenüber Gott als dem Schöpfer sowie die Achtung gegenüber den Menschen, die Gottes Geschöpfe sind. Die Kosmische Erziehung ist somit auch eine Erziehung zum Frieden und zur Bewahrung der Schöpfung. Die Aufgabe besteht darin, das uns Anvertraute zu bewahren und weiterzubauen – eine ökologische und zugleich humanitäre Aufgabe.

Kosmische Erziehung und Religion

8.1 Wer bin ich, und was ist meine Aufgabe in der Welt?

»Die Sterne, die Erde, die Gesteine, alle Formen des Lebens bilden in enger Beziehung untereinander ein Ganzes; und so eng ist diese Beziehung, dass wir keinen Stein begreifen können, ohne etwas von der großen Sonne zu begreifen! Keinen Gegenstand, den wir berühren, ein Atom oder eine Zelle, können wir erklären ohne Kenntnis des großen Universums« (Montessori 1988: 42).

Die Gesetze, die das Universum regieren, können dem Kind interessant und wunderbar gemacht werden. Das Kind möchte mehr wissen und beginnt zu fragen: »Wer bin ich? Was ist die Aufgabe des Menschen in diesem wunderbaren All? Leben wir wirklich nur für uns hier, oder gibt es mehr für uns zu tun?« (vgl. Montessori 1988: 42).

Kosmische Erziehung gehört zur Erziehung des Kindes in jedem Lebensalter. Der Säugling zeigt ein Bedürfnis nach Ordnung und Orientierung. Vielfältige Erlebnisse und Sinneseindrücke verwirren ihn. Er braucht einen »Kompass« zur Orientierung in der für ihn ganz neuen Welt und auf der Suche nach seinem Lebenssinn. Er möchte willkommen sein und geliebt werden. Er braucht Dinge, Tätigkeiten, Erfahrungen und Erlebnisse, die ihm Freude bereiten und die ihm helfen, jetzt und morgen zu leben. Somit ist die Kosmische Erziehung gewissermaßen als frühpädagogische Lebenshilfe zu sehen, die dem Kind hilft, sich in der Welt zu orientieren und den Sinn seines Lebens zu finden.

Orientierung

Das 0- bis 6-jährige Kind wird in der Montessori-Pädagogik als »Baumeister seiner selbst« gesehen. Dem Menschen ist mit dem Eintritt in seine Lebenswelt eine »große

Aufgabe gegeben, indem jedes Individuum seine eigene Anpassung erwerben muss, die sich in einem personalen ›Verhaltensmodell‹ konkretisiert« (aus einem Montessori-Lehrgang von 1946). Dieser Prozess vollzieht sich in spontan-aktiver Auseinandersetzung des Kindes mit seiner Umgebung. In diesem spontan-aktiven Selbstbildungsprozess erarbeitet das Kind seine humanen Kompetenzen wie z. B. Sensomotorik, Sprache, Wissen, Denken, Kreativität, Moral, Sozialverhalten, Intelligenz usw., und so wird es zum »Urheber seiner eigenen Vervollkommnung«, zum Schöpfer seiner selbst (Montessori 1972: 68).

Selbstbildung des Kindes

Kosmische Bildung ist »Hilfe zum Leben« von Geburt an (vgl. Schmutzler 1975). Im Alter von 0 bis 3 Jahren passt das Kind sich an seine Umgebung an. Die Hand des Kindes greift nach dem, was die Hand greifen kann. Der Geist des Kindes will alles kennenlernen und erfahren. Im Alter von 3 bis 6 Jahren haben die Dinge einen Platz, einen Namen, eine Bedeutung. Das Kind erforscht den Sinn des Lebens, der Kultur und der gesamten Lebenswirklichkeit. Grundlegende Prinzipien der Kosmischen Erziehung werden durch das Sinnesmaterial und die Übungen des praktischen Lebens vermittelt. Dazu zählen u. a.:

Kosmische Erziehung und Entwicklung

- Ordnungsstrukturen und Variationen
- Wiederholbarkeit
- Reihenfolgen und wiederkehrende Zyklen
- Vergleichen
- Abstraktion
- Unendlichkeit
- Erfahrungen von Physik und Chemie
- Hören und Konzentration.

In der Kosmischen Erziehung lassen sich vier Dimensionen unterscheiden, die in der konkreten Praxis allerdings stets ineinandergreifen. Dabei kann der Schwerpunkt jedoch jeweils unterschiedlich gesetzt sein:

Dimensionen

1. Gegenstands- oder Sachorientierung
2. Ganzheitsorientierung: Ursache, Wirkung, Stellung im Kosmos
3. Sinnorientierung
4. Wertorientierung.[14]

14 Die folgende Grafik stammt aus dem Nachlass von Hans-Joachim Schmutzler.

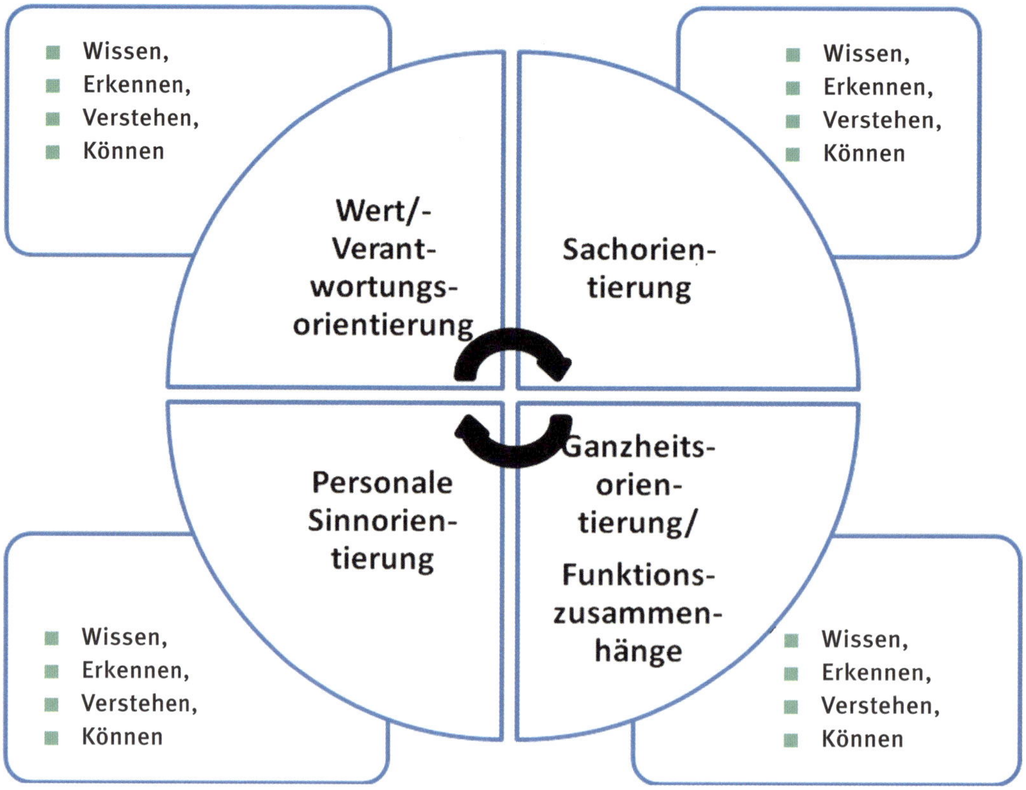

8.2 Kind und Welt im Einklang

Ganzheitliche Auseinandersetzung mit der Umwelt

Bildung ist, vom Erwachsenen aus gesehen, in erster Linie auf den Erwerb von Wissen ausgerichtet, und daher wird das Interesse an der Natur auf das naturwissenschaftlich Verstehbare begrenzt. Maria Montessori sieht die Begegnung des Kindes mit der Welt jedoch anders. Sie beschreibt Bildung als ganzheitliche Auseinandersetzung mit allem, was die Umwelt ihm bietet, und zwar auf eine dem Kind angemessene Weise. Dabei können der Mond und der Sternenhimmel so wichtig sein wie ein Wollfaden im Planschbecken. Die Spinne, die in ihrem Netz zu sehen ist, hat ebenso viele Geheimnisse wie das Feuer im Kaminofen.

Universaler Zusammenhang

Ein Grundsatz Montessoris lautet: »Einzelheiten lehren bedeutet Verwirrung stiften. Die Beziehungen unter den Dingen herzustellen bedeutet Erkenntnisse vermitteln« (Montessori 1966: 90). Montessori spricht von dem »Ganzen«, von dem die Pädagogin ausgeht, wenn sie dem Kind Materialien anbietet. Das Ziel dieses Lernens ist die Erfahrung der Ordnung im Kosmos und nicht primär der Erwerb eines Wissens von vielen Einzelheiten und Fakten. Diese Erfahrung führt zu der Erkenntnis, dass alles miteinander verknüpft ist und dass auch der Mensch in diesem universalen Zusammenhang steht. Es geht somit darum, dass die Kinder die Beziehungen zwischen den Dingen erleben, dass sie die Welt und die Schöpfung als Einheit zu erfahren, denn das Leben ist bedingt durch die Beziehungen, in denen es steht.

Die Kinder spielen im Wald. Die ersten Buschwindröschen blühen. Unna ist begeistert und zupft eine Blüte nach der anderen ab. Anastasia steht plötzlich vor ihr: »Nein, reiß doch nicht die Blüten ab, die Bienen holen daraus den Nektar, das ist ihre Nahrung.«

Simon, Julius und Jonas stehen am Maltisch. »Mein Papa baut Häuser«, meint Simon. »Meiner baut Gärten«, bemerkt Julius. Jonas will wissen, wie das funktioniert. »Na, der pflanzt halt Bäume«, meint Julius. »Aus Bäumen kann man Schiffe bauen«, stellt Simon fest. »Was für Schiffe?«, fragt Jonas. »Dampfschiffe«, antwortet Julius. »Was ist das?«, fragt Jonas. »Da kommt oben Dampf raus«, sagt Julius. »Wieso Dampf?«, ist nun die Frage von Jonas. »Na, vom Motor. Das sind Abgase, die beim Auto am Auspuff rauskommen«, bemerkt Julius. »Nein, das Dampfschiff fährt mit Dampf, da kocht unten Wasser, und das heißt Dampfmaschine«, meint Simon. Jonas nimmt einen Bleistift: »Also, ein Schiff geht wie ein Viereck und hinten und vorne ein wenig dreieckig.« »Das ist ein Trapez, das ist in unserer Kommode mit den vielen Schubladen« (der geometrischen Kommode), antwortet Julius. Dann schauen beide auf die Zeichnung von Simon, und Julius bemerkt: »Du malst ja ein Segelschiff.« »Ja, aber ein Piratenschiff«, antwortet Simon. »Toll, mit einer Fahne und einem Totenkopf«, lobt Jonas.« Wenn man tot ist, kommt man in die Erde und die Knochen bleiben lange da liegen. Die Seele geht zu Gott, das ist die Liebe vom Menschen, die geht nicht kaputt, die trifft man wieder.« »Auf dem Rhein fahren Schiffe, die haben Fahnen«, äußert Jonas. »Die von Deutschland ist: Schwarz – Rot – Gold.«

Warum Schiffe schwimmen, warum die Titanic untergegangen ist, warum so viele Flüchtlinge über das Meer fahren und warum sie aus ihrer Heimat fortgehen, das sind Fragen, die die drei Jungen weiter beschäftigen. Zusammen zu fragen und Antworten zu suchen eröffnet Möglichkeiten, alles über die Welt in Erfahrung zu bringen.

8.3 »Einzelheiten lehren bedeutet Verwirrung stiften«

Die Kosmische Erziehung beginnt ganzheitlich mit der Darstellung großer Zusammenhänge. Sie geht immer vom Ganzen aus und geht erst dann ins Detail.

Dies soll im Folgenden an drei Beispielen verdeutlicht werden: den Globen, den Puzzlekarten und der Kontinent-Kiste.

Ausgang vom Ganzen – Beispiele

Die Globen

Zum klassischen Montessori-Material gehören zwei verschiedene Globen, der »Globus der Natur« und der »Globus der Kultur«. Auf dem »Globus der Natur« sind die Landflächen rau und die Wasserflächen glatt, sodass die Kinder den Unterschied zwischen beiden nicht nur sehen, sondern auch tasten können. Der »Globus der Kultur« stellt die einzelnen Kontinente in jeweils verschiedenen Farben dar.

Eine Lektion, bei der der »Globus der Natur« verwendet wird, kann beispielsweise folgendermaßen aussehen:

Die Weltkarte und die Globen

Material:

- Globus mit Land- und Wasserformen.

Arbeit mit dem »Globus der Natur«

Das Land bzw. die Kontinente sind aus braunem Schmirgelpapier geformt und auf einen glatten, blauen Globus aufgeklebt. Die übrig bleibenden blauen Flächen stellen also die Weltmeere (Ozeane) dar. Über den Tastsinn erfahren die Kinder, dass es auf unserem Globus mehr Wasser als Land gibt.

Die Pädagogin sitzt mit einer Kindergruppe im Kreis. Der Globus wird von einem Kind zum anderen weitergegeben. So kann jedes Kind ihn »begreifen«. Tasterfahrungen sind Grunderfahrungen, die dem Kind als Fundament für ein geografisches und räumliches Verstehen dienen.

Dazu wird gesungen: »Von einem zum andern der Globus nun wandert. Fühl ihn genau, fühl ihn genau.« Jedem Kind wird Zeit gelassen, den Globus zu ertasten.

Nun folgt die Erzählung, deren Kernsätze so lauten können:

- Die Erde ist rund.
- Die Erde dreht sich.
- Es gibt Wasser auf der Erde. (Das fühlst du an den glatten Stellen und siehst es an der blauen Farbe.)
- Es gibt Land auf der Erde. (Du fühlst es an den rauen Stellen und siehst es an der braunen Farbe.)
- Du merkst, dass es mehr Wasser als Land gibt.

- Das Wasser fällt nicht herunter.
- Die Grenzen zwischen Wasser und Land sind ungleichmäßig.
- Das Land ist nicht zusammenhängend.
- Die Erde hat zwei Pole.
- Die Erde steht ein wenig schief.

Mit dem »Globus der Kultur« können die Kinder dann auch die Namen der Kontinente kennenlernen.

Die Puzzle-Karten

Die Weltkarte zeigt die Erde als Fläche (sodass sie in zwei Erdhälften zerlegt werden muss). Die herausnehmbaren Kontinente (die Farben der Kontinente entsprechen denen auf dem »Globus der Kultur«) lassen das Kind beim Herausnehmen und Zusammensetzen eine bestimmte Ordnung und die Zusammenhänge von Land und Wasser erfahren. *Weltkarte*

Es folgen mehrere aufeinander aufbauende Abstraktionsstufen (analog zu den Abstraktionsschritte beim Kartensatz der geometrischen Kommode), durch die der Schwierigkeitsgrad schrittweise gesteigert und so die Lage der Kontinente fortschreitend verinnerlicht wird: *Stufen der Schwierigkeit*

- Auf der ersten Stufe bekommt das Kind zwei blaue Kreise (Erdhälften) mit aufgeklebten farbigen Kontinenten. Das Kind legt die herausgenommenen Teile aus der Weltkarte auf die aufgeklebten Kontinente.

Die Kontinentkiste

- Schwieriger wird es, wenn die aufgeklebten Erdteile nicht farbig, sondern aus weißer Pappe hergestellt sind.
- Im nächsten Schritt sind die Kontinente durch einen breiten Rand dargestellt.
- Auf der wiederum nächsten Stufe sind die Kontinente nur noch mit einem dünnen Rand markiert.
- In der letzten Abstraktionsstufe gibt es nur noch zwei blaue Kreise, auf denen das Kind die farbigen Puzzleteile richtig anordnen soll.

Die Kontinente können auch auf ein Blatt Papier aufgemalt, in den entsprechenden Farben ausgemalt, ausgeschnitten und auf blaue Pappkreise aufgeklebt werden. Die Kinder haben nun »ihre eigene Welt«.

Weitere Möglichkeiten

Weiterführende Möglichkeiten sind: Den Kontinenten können Holz- oder naturgetreue Plastiktiere, die in den einzelnen Erdteilen vorkommen, zugeordnet werden – oder auch Stoffpüppchen, die Menschengruppen repräsentieren. Dabei sind gegenständliche Dinge Bildkarten vorzuziehen, da sie haptisch erfahrbar (»begreifbar«) sind.

Geschichte: Kinder der Welt

Bahu wohnt in Afrika und hat zu seinem Geburtstag seine Freunde aus der ganzen Welt eingeladen. Da klopft es an der Tür. Sein Freund aus Grönland kommt (das ist ganz oben vor dem nordamerikanischen Kontinent). Er merkt, wie heiß es in Afrika ist, zieht schnell seinen Schneeanzug aus und schenkt seinem Freund leckeren Fisch, den er selbst geangelt hat. Aus Nordamerika kommt auch der Indianerjunge »Weiße Wolke«. Er schenkt eine Decke aus Pferdehaar. Aus Südamerika kommt Catalina, sie schenkt einen Schal aus Lama-Wolle. Das australische Kind schenkt ein Känguru aus Stoff, und Chiang, der aus Asien kommt, bringt einen schicken Hut aus Reisstroh mit. Und was schenkt das Kind aus Europa? Vielleicht ein Souvenir wie das Brandenburger Tor, den Kölner Dom, den Wiener Steffel, den Eiffelturm, den Petersdom. Alle Kinder singen und feiern fröhlich Geburtstag.

So erfahren die Kinder spielerisch etwas über die Lebensgewohnheiten der Menschen, entwickeln eigene Ideen, kommen ins Gespräch. Die Pädagogin erzählt und geht auf die Fragen der Kinder ein. Mithilfe von Bücher wird weiter geforscht, und es werden weitere Verbindungen herstellt.

Nachdem die Kinder nun die Welt als Ganzes erfahren haben, können nun einzelne Kontinente genauer betrachtet werden.

Vom Ganzen zum Näheren

Das Europa-Puzzle zeigt die europäischen Staaten. Der Knopf zum Herausnehmen markiert die Hauptstadt des jeweiligen Landes. Die jeweils passenden Flaggen werden den einzelnen Ländern zugeordnet. Die Kinder stellen sich ein Europa-Buch her, indem sie die Staaten mit den jeweiligen Flaggen aufmalen und die Namen der Staaten dazuschreiben.

Wie heißen die Nachbarländer von Deutschland? Durch welche Länder müssen wir fahren, um nach Portugal zu gelangen?

Europa-Puzzle

Kinder bringen von Urlaubsreisen Souvenirs mit, z. B. die kleine Meerjungfrau aus Kopenhagen. So entdecken sie etwas über die Kultur des Landes, indem sie beispielsweise der Frage nachgehen, welche Bedeutung die kleine Meerjungfrau hat.

8.4 Die Bedeutung der Natur in der Kosmischen Erziehung

»Die Menschen bei dir zu Hause«, sagte der kleine Prinz, »züchten fünftausend Rosen in ein und demselben Garten … und doch finden sie dort nicht, was sie suchen …«
»Sie finden es nicht«, antwortete ich …«
Und dabei kann man das, was sie suchen, in einer einzigen Rose oder in einem bisschen Wasser finden …«
»Ganz gewiss«, antwortete ich.
Und der kleine Prinz fügte hinzu:
»Aber die Augen sind blind. Man muss mit dem Herzen suchen.«
(Antoine de Saint-Exupéry[15])

Diese Erkenntnis des kleinen Prinzen lässt sich auch im Kinderhausalltag erleben.

15 Saint-Exupéry 2008, 105.

Im Juni erreicht die Sonne den höchsten Stand am Himmel, sie geht früh auf und sehr spät unter. Sie durchflutet die Natur mit ihrem Licht und verleiht ihr Glanz und Wärme. Wenn die Kinder wach werden, ist es schon hell, und im Kinderhaus brauchen wir morgens nicht mehr das Licht einzuschalten. Beim Spiel im Freien setzen wir eine Kappe auf, da die Sonnenstrahlen intensiv sind. Wir können barfuß laufen, das Fußerfahrungsfeld im Außengelände ermöglicht viele sinnliche Erfahrungen. In dem kleinen Wald beim Kinderhaus erleben wir, wie sich die Sonnenstrahlen einen Weg durch das Blätterdach bahnen – ein Farbenspiel. Manchmal ist am Morgen der Rasen noch nass vom Tau. Die blühenden Linden, Heckenrosen, Holunderbüsche und Wiesenblumen verbreiten einen sommerlichen Duft. Die Vögel sind mit dem Füttern der Jungen beschäftigt, ihr intensiver Gesang hat nachgelassen. Aber das Gesumme verschiedener Insekten ist zu hören.

Möglichkeiten der Naturerfahrung

Geben wir den Kindern die Gelegenheit, diese Vielfalt an Düften, Farben, Formen und Geräuschen intensiv zu erleben, spüren sie, wie viel Geheimnisvolles und Wunderbares in der Natur verborgen und zu entdecken ist.

Im Außengelände des Kinderhauses, im nahen Wald und auf den Wiesen entdecken die Kinder verschiedene Kräuter, die oft nur als Unkräuter bezeichnet werden. Ganzheitliche Erfahrung im Sinne der Kosmischen Erziehung geschieht auch durch sinnenhaftes Erfahren von Kräutern: riechen, fühlen, schmecken. Da bedarf es keiner intellektuell ausgedachten, programmorientierten und somit künstlichen didaktischen Materialien für die kindliche Sinnesentwicklung, weil Kinder diese Erfahrungen direkt in der Natur machen.

Pflanzen

Maria Montessori selbst soll auf die Frage: »Wie lehrt man Kosmische Erziehung?« geantwortet haben: »Geben Sie den Kindern die Natur.«[16]

Die Natur bietet Kindern vielfältige Anreize, beispielsweise folgende Fragen zu untersuchen bzw. die folgenden Erfahrungen zu machen:

- Welche Vielfalt bieten die Blattformen der Pflanzen zum Unterscheiden, Vergleichen, Ordnen, Klassifizieren und zum Bilden von Serien?
- Wie fein lassen sich Grüntöne differenzieren? – Hier findet das Kind noch mehr Abstufungen als die, die es beim Schattierungskasten[17] erfahren kann. Eine Idee (für die Farbe Grün) könnte sein, Blätter zu sammeln und diese dem Kasten zuzuordnen.
- Von den Kräuterpflanzen gehen unverkennbare würzige Düfte aus – ein Beitrag zur Geruchsschulung.
- Durch Schauen, Riechen, Schmecken und Tasten lernen die Kinder unterschiedliche Pflanzen kennen.

Bei der Pflege der Kräuterspirale – eines dreidimensionalen Beetes, in dem Küchenkräuter angebaut werden – machen die Kinder Erfahrungen mit den jeweils unterschiedlichen Wachstumsbedingungen der Pflanzen (trockene oder feuchte Standorte, Schatten und Licht, Speicherung der Wärme durch Steine): Der Aufbau der Spirale ermöglicht es, auf kleinstem Raum Standortansprüchen von Pflanzen aus verschiedenen Klimazonen gerecht zu werden.

Kräuterspirale

16 Zitiert nach einer Aussage von Ela Eckert in Held / Pütz 2013.

17 Dabei handelt es sich um ein Montessori-Material zur Schulung des Farbsinnes. Es enthält neun Farben, von denen jede wiederum in sieben Schattierungen differenziert ist.

- Die Kinder lernen die Pflege von Pflanzen kennen: gießen, schneiden, vor natürlichen Feinden (wie Schnecken) schützen.
- Beim Verarbeiten von Kräutern werden lebenspraktische Handlungsabläufe in ihrer Gesamtheit erlebbar: Quark mit frisch geschnittenen Kräutern, Zitronenmelissen-Tee.
- Eine Pflanze wie die Brennnessel kann in ihren verschiedenen Funktionen erfahren werden: als Nahrungsmittel (Suppe oder Tee), als Lebensgrundlage für die Entwicklung eines Schmetterlings (Tagpfauenauge), als Düngemittel.

Vielfalt an Erfahrungen

- Die Kinder können Pflanzen in Märchen und Sagen entdecken. So gab z.B. Frau Holle, die von den Germanen als Göttin verehrt wurde, dem Holunderbusch seinen Namen. Sie glaubten, dass die hohe Frau, nämlich Frau Holle, als beschützender Hausgeist in diesem Strauch wohne. Die vielen in der Nähe von Bauernhäusern gepflanzten Holunderbüsche sind noch eine unbewusste Erinnerung an den alten »Haus-Baum«. Beim Sammeln von Holunderdolden oder -beeren an einem stimmungsvollen Ort, wo die Kinder Düfte, Geräusche, Wärme, Licht- und Wolkenspiele erleben, lassen sich solche Geschichten gut erzählen, zumal sie auch zu spontanen Beobachtungen in der Natur anregen.

»Es ist wichtiger, dass jemand sich über eine Rosenblüte freut, als dass er ihre Wurzel unter das Mikroskop legt« (Oscar Wilde).

9.

Religiöse Erziehung als Kennzeichen des Menschen

Dieses Kapitel stellt einige Methoden der religiösen Erziehung im Kinderhaus vor. Dabei spielen Bilder sowie szenisches Spiel und szenisches Erzählen (»Godly Play«) eine Rolle und nicht zuletzt auch eine atmosphärisch ansprechende Gestaltung des Raumes.

Herr K. sah sich die Zeichnung seiner kleinen Nichte an. Sie stellte ein Huhn dar, das über einen Hof flog. »Warum hat dein Huhn eigentlich drei Beine?«, fragte Herr K. »Hühner können doch nicht fliegen«, sagte die kleine Künstlerin, »und darum brauchte ich ein drittes Bein zum Abstoßen.« »Ich bin froh, dass ich gefragt habe«, sagte Herr K.
(Bertold Brecht[18])

9.1 Mit dem Staunen fängt es an

Die religiöse Erziehung wird von Maria Montessori in eine dynamische Grundkonzeption eingeordnet: eine Konzeption des Kosmos sowie des Lebens und seiner Entwicklung, die in ihrem Ursprung religiöser Natur ist.

Äußerer und innerer Fortschritt

Montessori bemerkt, dass die technisch-naturwissenschaftliche und soziale Entwicklung viel schneller voranschreitet als die sittliche, moralisch-religiöse Entwicklung. »Es ist ein großer äußerer Fortschritt gemacht worden, aber kein innerer Fortschritt des Menschen.«[19] Konsum, die schnelle Befriedigung vieler Bedürfnisse, steht im Vordergrund und weniger die inneren Werte.

Umfassende Grundorientierung

Nach Montessori bedeutet religiöse Erziehung mehr als die Einübung einer Religion. Sie ist vielmehr eine umfassende Grundorientierung des handelnden Menschen im göttlichen Schöpfungsprozess. Montessori betrachtet religiöse Erziehung als eine Erziehung zur Liebe, zur Gerechtigkeit und zum Frieden, die an Dispositionen anknüpft, die in jedem Menschen angelegt sind. So, wie es jedem Menschen gegeben ist, Sprache zu entwickeln, ist ihm auch eine Tendenz gegeben, Religion zu entwickeln.

Zwei Phasen

Montessori unterteilt dabei die Bildung der Religiosität bis zum 6. Lebensjahr in zwei Phasen: die Empfindungsphase (0–3 Jahre) und die Erfahrungsphase bzw. Unterweisungsphase (3–6 Jahre).

9.2 Die Empfindungsphase

Das Kind ist von Geburt an ein spirituelles Wesen, das seine Erfahrungen mit Gott in sich trägt. Diese Erfahrungen lassen es nach dem Ursprung seines Daseins fragen. Dazu braucht es Menschen, die es begleiten und ihm eine religiöse Sprache anbieten.

18 Brecht 1971: 69.
19 Hans-Joachim Schmutzler in einem Vortrag von 2013.

Im Alter von 0 bis 3 Jahren absorbieren Kinder Religion mit all ihren Sinnen. Montessori spricht mit Bezug auf diese Lebensphase vom »absorbierendem Geist«. Damit bezeichnet sie eine unbewusste Geistesform, mit der das Kind, in Kontakt mit der Welt, religiöses Gefühl entwickelt und sein Weltbild aufbaut. Sein spontanes Interesse treibt es an, die Welt zu erkunden. Junge Kinder müssen alles sinnlich erfahren. Sie nehmen Dinge in den Mund und betasten sie. Beobachtet man Säuglinge und Kleinkinder bei ihrem Spiel und Erkunden, so ist es, als wenn sie mit den Händen sehen und mit den Augen fühlen würden. Montessori meint, das die Kinder sozusagen mit Leib und Seele in die Welt eindringen, sie »inkarnieren«. Sie befinden sich in einem ganzheitlichen Lernprozess, der den Leib, die Sinne und den Geist einbezieht. Mithilfe des absorbierenden Geistes nehmen Kinder Religion schnell, unbewusst und komplex auf. Die religiöse Unterweisung erfolgt somit in dieser Phase indirekt. Erfahrungen in diesem Lebensalter prägen das spätere Welt- und Gottesbild.

Absorbierender Geist

Beim Einleben neuer Kinder in Kinderhaus und Krippe bedarf es großer Achtsamkeit. Es ist die Zeit, in der das Kind die schützenden Hände der Bezugsperson(en) braucht, die ihm aber ebenso Raum geben sollen für eigene Erfahrungen. Grundlage religiöser Erfahrung sind die offenen Arme der Erzieherin, die es dem Kind ermöglichen, immer wieder ihre Nähe zu suchen. Eine vertrauensvolle Bindung zur Bezugsperson legt die Grundlage zur Gott-Bindung. Eine liebevolle Zuwendung, die sich Zeit für das Kind nimmt, Aufmerksamkeit bei Pflegehandlungen (wie Wickeln, An- und Ausziehen) sowie eine einfache und universal verständliche Gebärdensprache schaffen ein Grundvertrauen: das Vertrauen, geborgen zu sein.

Atmosphäre des Vertrauens

Entsprechende Stimmungen und Zeichen, die Vorbildfunktion des Erwachsenen und das Prinzip der Selbsttätigkeit bieten religiöse Grunderfahrungen. Der Raum strahlt aus, was Jesus selbst Kindern zuteilwerden ließ: Segen, Aufmerksamkeit, Anerkennung und Geborgenheit.

In christlichen Kinderhäusern gibt es ein Atrium (sozusagen eine »Vorhalle des Glaubens«), also einen Raum oder eine Ecke, in dem die Kinder religiöse Praxis erleben, nachvollziehen und spielerisch erfahren können. Die konkrete Gestaltung richtet sich nach der jeweiligen Zeit des Kirchenjahres. Biblische Szenen werden durch Egli-Figuren (einen bestimmten Typ von biblischen Erzählfiguren) dargeboten. Wird die Szene oder die liturgische Farbe gewechselt, geschieht dies gemeinsam mit den Kindern.

Atrium

Hier gibt es religiöse Symbole: beispielsweise die Osterkerze, die auf einem geschmückten Ständer steht, die Bibel als das Wort Gottes, das durch den Tag begleitet, oder auch Segenswasser und Blumenschmuck. Kinder und Eltern können so über religiöse Fragen ins Gespräch kommen.

Symbole

Auch in den einzelnen Gruppen gibt es ein kleines Atrium. Dort steht ein Kreuz in Augenhöhe der Kinder, darunter ein Tisch, gestaltet mit Blumen, Kerzen und anderen Symbolen. Religiöse Bilder und Bücher laden zum Betrachten ein. In der Adventszeit steht eine Krippe bereit, in der Zeit vor Ostern das »Ostergärtlein«. Hier können die Kinder eine Kerze anzünden, Bilder betrachten, mit den Krippenfiguren spielen und so Religion handelnd begreifen. Mit dem Erwerb der Sprache beginnen Nachahmungsspiele oder Symbolspiele.

Kein Platz ist zu heilig für Kinder. Bei Besuchen in der Kirche erfahren sie, dass sich der Erwachsene einem Höheren anvertraut. Hier braucht es kaum Worte, denn die Ausstrahlung des sakralen Raums spricht für sich. Beim Betreten der Kirche segnen sich die Kinder mit Weihwasser, machen eine Kniebeuge und sagen: »Guter Gott, nun sind wir in deinem Haus.« Eine Gruppe von Kindern versammelt sich um den Taufbrunnen, und die Kinder erinnern sich an ihre Taufe. Sie singen: »Ich heiße ... und ich bin getauft.« Bei nicht getauften Kindern oder einer anderen Religion singen sie: »Ich heiße ... und bin geliebt.«

Besuch einer Kirche

Praxisbeispiele

Die Arche Noah

Hier handelt es sich um ein Beispiel dafür, wie Kinder bereits ab einem Alter von 16 Monaten Bibeltexte erzählend und handelnd erfahren können.

Material:

- eine Arche und Tiere (sehr ansprechend für junge Kinder sind dabei die Ostheimer Tiere).

Die Pädagogin erzählt: Gott wusste, dass ein großer Regen kommen würde. Er machte sich Sorgen um Noah und seine Familie. Daher sagte Gott zu Noah: »Bau eine große Arche, denn bald wird es viele Tage und Wochen nur regnen.« Noah tat, was Gott ihm sagte, und baute eine Arche. Als sie fertig war, begann es zu regnen, und Gott sprach wiederum zu Noah: »Nimm deine ganze Familie und von allen Tieren, die auf der Erde leben, je ein Paar mit auf die Arche.«

Erzählung: Arche Noah

Da stampften zwei Elefanten auf die Arche.
Da krochen zwei Schlangen auf die Arche.
Da hüpften zwei Hasen auf die Arche.
Da trippelten zwei Mäuse auf die Arche.
Da schlichen zwei Löwen auf die Arche.

Jesus segnet die Kinder

Die Kinder sitzen im Kreis. Die Pädagogin zeigt den segnenden Jesus (als Egli-Figur) und erzählt, dass Jesus sich immer Zeit für die Kinder genommen hat und gerne mit ihnen zusammen war. Die Pädagogin geht von Kind zu Kind und spricht es durch die Figur namentlich an. Sie segnet jedes Kind mit der Figur und spricht dazu: »Gott hat dich lieb« oder »Gott kennt deinen Namen« oder »Gott segnet dich«.

Jesus und die Kinder

Ich bin da, Gott, ich bin da – eine »Einladung« an Kinder ab zwei Jahren

Material:

- ein Korb mit farbigen Chiffontüchern
- pro Kind eine Blüte (wenn möglich eine frische, sonst eine Trockenblume)
- für jedes Kind ein kleines Körbchen mit Gestaltungsmaterial (Filzteile, Fröbelmaterial[20], kleine Steine)
- eine Kerze.

Begonnen wird mit einem Lied oder Sprechgesang:
Linke Hand und rechte Hand, schaut, ihr seid verwandt.
Linke Hand und rechte Hand wandern durch das Land,
finden viele Hände dort, knüpfen jetzt ein Band!
Gott, dein Segen ist bei uns, geht von Hand zu Hand,
darum nehmen wir ihn mit überall ins Land.

Beispiel: Religiöser Tanz

Aus dem Korb wählen die Kinder ein Tuch in ihrer Wunschfarbe. Sie werden angeregt zum Spielen und Experimentieren, und zwar mit viel Bewegung: Sie werfen das Tuch in

Atrium

20 Dabei handelt es sich um geometrische Formen (Kreise, Dreiecke, Vierecke, Sechsecke) aus Holz, die zum Gestalten anregen.

die Luft, verstecken es in ihren Händen, breiten es aus, tanzen mit den Tüchern. Nach einiger Zeit werden die Tücher im Kreis abgelegt, jeweils vor dem eigenen Platz. Jedes Kind wird angesprochen, indem sein Name genannt und die Farbe seines Tuches benannt wird, und eine Blume wird auf das Tuch gelegt. Die Kinder bekommen nun die kleinen Körbchen mit Legematerialien zum Gestalten. Dazu wird ihnen ausreichend Zeit gelassen. Ein leiser Glockenton zeigt das Ende dieser Phase an. Nun werden die gestalteten Tücher angeschaut und gewürdigt. Eine Kerze wird angezündet. Sie kann als Zeichen für Gott gedeutet werden oder betont einfach, dass es sich hier um eine besondere Übung handelt.

9.3 Kinder brauchen mehr als Worte

Aus neurobiologischer Sicht würde ich sagen: Das Gegenmittel für die Angst heißt Vertrauen. Deshalb käme es in solchen Situationen, in denen man in Angst gerät, darauf an, dass man das verloren gegangene Vertrauen wiederfindet. Dazu braucht es drei Komponenten: Vertrauen in die eigene Fähigkeiten, in das eigene Wissen und die eigenen Erfahrungen. Vertrauen, dass es mit anderen geht, wenn es alleine nicht mehr weitergeht, und schließlich das Vertrauen, dass das, was man da tut, auch Sinn macht und in einen größeren Kontext eingebettet ist. (Gerald Hüther im Vorwort zum Film *Alphabet*)

Einklang mit der Natur

Religiöse Bildung geschieht im Einklang mit der Natur. Beim Spielen, Matschen, Gestalten, Betrachten, beim Erforschen mit allen Sinnen werden die Kinder auf Naturphänomene aufmerksam. Diese Erfahrungen lösen Freude und Staunen aus. Kinder beobachten intensiv krabbelnde Käfer. Sie riechen an Blumen oder stellen in der Sandkiste fest, dass Sand rieseln kann. Vieles, was sie erleben, ist nicht planbar. Die Schöpfung wird als ein Geschenk erfahren. Die Kinder erleben: Die Welt ist da, damit sie sich an ihr freuen, und es macht glücklich, in Regenpfützen zu springen, wärmende Sonnenstrahlen zu fühlen oder zu erkunden, wie sich Schnee anfühlt. Es wächst das Vertrauen in die Welt und zum eigenen Ich. Sie staunen und machen die Erfahrung von Lebensfreude und Geborgenheit.

9.4 Die Erfahrungsphase – Phase der Unterweisung

Kreatives Gestalten

Das ältere Kind nimmt die Dinge bewusster wahr, da die Bewegungsentwicklung bereits ausgereifter und die Einbildungs- und Vorstellungskraft klarer ist. Innere Bilder verarbeitet es durch kreatives Gestalten, Malen, Spiel, Bewegung, Rhythmik und Tanzen. Religiöse Erfahrungen vermitteln dem Kind: Gott liebt mich, so wie ich bin. Kinder lieben

Schutzengelbild

den Gedanken, dass Engel um sie sind und über sie wachen. Bilder von Schutzengeln, zum Beispiel von Marc Chagall, haben einen Platz in der religiösen Ecke. Die Fantasie des Kindes ist sensibel für Symbole von Liebe und Schutz. So selbstverständlich, wie Kindern in diesem Alter Märchen und Geschichten erzählt werden, werden sie auch mit religiösen Geschichten vertraut gemacht. Die Bibel, das »Buch der Bücher«, ist in diesem Alter eine interessante Lektüre und hilft dabei, das Vertrauen in sich selbst und die Welt aufzubauen. Geschichten und Gleichnisse, die dieses Vertrauen unterstützen und Gott als den liebenden Gott erfahrbar werden lassen, sind in dieser Phase besonders wichtig.

Symbole von Liebe und Schutz

Bibel

Werte und Symbole werden erzählend und handelnd vermittelt und durch eigenes Gestalten und Nachspielen verinnerlicht. Kinder in der »Symbolphase« verstehen zunehmend den hinter dem Symbol liegenden Sinn- und Bedeutungsgehalt. Der Symbolgehalt von Kirchenräumen wird durch Erkunden erfahrbar.

9.5 Bildbetrachtungen

Wenn Kinder Bilder betrachten, beginnen sie meist damit, dass sie den Bildinhalt beschreiben. Sie finden eigene Worte und Formulierungen. Eine willkommene Ergänzung ist es, wenn sich kleine Erzählungen, Verse oder Gedichte mit dem Bild verbinden lassen. Dabei zeigt sich ein Bedürfnis zum Einüben (das aus der Sicht des Erwachsenen pedantisch erscheinen kann) und eine große Lust an der Wiederholung. Das Kind möchte sich immer wieder die Bilder anschauen und die dazugehörigen Geschichten hören, ohne Abweichungen, es darf kein Wort fehlen. Unterstützend wirkt die emotionale Situation, also die positive Stimmung, in der das gemeinsame Betrachten und Erzählen stattfindet. Das emotionale Gedächtnis ist schon früh und stabil ausgebildet. Ein Bild kann also ab dem 3. Lebensjahr in einer emotional positiv geprägten pädagogischen Situation didaktisch eingesetzt werden, mit zunehmendem Alter immer mehr auch in Verbindung mit

Emotionale Dimension

der Sprache. Kinder sind fähig, Teile des Bildes zu erkennen und nach Anleitung auch zu benennen, diese Teile in ihrer Beziehung zum Ganzen zu verstehen und so die Sinnzusammenhänge eines Bildes zu entdecken.

Bilder und Bilderbücher sind religionspädagogische Bildungsmittel, die als Gesprächsgrundlage, zum Anschauen oder Nacherzählen, als Kommentar zu Texten oder als Hilfe zur Meditation eingesetzt werden können. Die konkreten Anforderungen an das Bild sind immer auch von der jeweiligen geschichtlich-sozialen Situation und dem religionspädagogischen Kontext der Glaubensvermittlung abhängig.

Bildauswahl

Maßgeblich für die Bildauswahl sind der Entwicklungsstand der Kinder und die pädagogischen Ziele beim Einsatz des Bildes. Bei der Auswahl der Bilder spielen die Komplexität und die Prägnanz der Bildaussage eine Rolle. Das Thema muss auf den Punkt gebracht (»verdichtet«) werden, farblich und figurativ, klar und übersichtlich. Das Format sollte so sein, das alle Kinder es gut sehen können. Der biblisch-religiöse Inhalt der Bilder soll mit der von den Kindern erlebten oder zu erlebenden Situation in einem deutlichen Zusammenhang stehen.

Sinn der Bilder

Der Sinn der Bilder:
1. Die Bilder sollen zunächst etwas über den Glauben und seine Grundaussagen mitteilen: über Gott, über seine Schöpfung, über Jesus Christus und sein Leben.
2. Religiöse Bilder sollen dem Verständnis, dem Erleben und dem Handlungsbedürfnis sowie der Daseinsfreude der Kinder entsprechen.
3. Die Bilder sollen Hilfe für ein Gespräch sein, das ein altersgemäßes »Theologisieren« anregt.
4. Die Bilder helfen dabei, die religiöse Sprach- und Kommunikationsfähigkeit der Kinder zu bilden. Das bedeutet: Die Kinder erhalten in der Sache gleiche oder ähnliche Vorstellungen und bekommen Begriffe an die Hand, mit deren Hilfe sie über religiöse Dinge sprechen können. Sie machen sich im religiösen Bereich durch Benennung und Identifikation kundig.

Beispiel: Die Abendmahlsszene

Abendmahl

Das letzte Abendmahl Jesu ist ein herausgehobenes Beispiel für ein menschlich und religiös bestimmtes Zusammenleben: das Brechen und Teilen des Brotes und die soziale Gemeinschaft, das Dankgebet an den Schöpfer der Gaben von Brot und Wein, der gedeckte und geschmückte Tisch als Symbol für den Dienst und die Freude am Essen und Leben.

Das Bild erschließt den Kindern verschiedene Dimensionen ihres Daseins, knüpft an ihr eigenes Erleben an und kann deshalb konkret nachgestaltet werden. Es eröffnet Fragen nach dem Sinn der Tisch- und Essenssitten und nach der Arbeitsteilung zwischen den Menschen bzw. der Arbeit anderer für uns: Bauer, Müller, Bäcker. Das Bild löst Fragen aus nach der Fruchtbarkeit des Bodens als des unmittelbaren Spenders dieser Gaben sowie nach der Verantwortung des Menschen für die Natur.

Didaktisch gesehen erschließt dieses Bild:
- Gott als Schöpfer der Natur und des Lebens

- die Natur als Lebensgrundlage und unsere Verantwortung für die Natur
- die Arbeit als Existenzgrundlage und Teilhabe an der Schöpfung
- die religiöse Praxis im Gebet, in der Kooperation und im Teilen mit anderen, im Dienst am anderen
- Dankbarkeit und Ehrfurcht als religiöses Erleben
- auf pragmatischer Ebene das Nachgestalten des gedeckten Tisches
- auf kognitiver Ebene die Einsicht in die Zusammenhänge von Religion, Leben und Arbeit
- auf sprachlicher Ebene das Kennenlernen von Gebeten, Dankliedern, religiösem Wortschatz.

Konkrete didaktische Tipps

Voraussetzung für die Bildbetrachtung ist eine genaue didaktische Analyse der Bildaussage. Technisch-künstlerische Momente bleiben im Hintergrund.

- Der Einsatz der Bilder orientiert sich am Kirchenjahr und seinen Festen. So bietet beispielsweise das Martinsfest eine Gelegenheit, das Thema der christlichen Nächstenliebe zu erörtern.
- Die Gestaltung des Raumes mit Kerzen und Musik ist hilfreich und schafft eine situationsgerechte Atmosphäre.
- Was die Sozialform betrifft, ist es günstig, wenn eine Gruppe von Kindern in einem Halbkreis sitzt.
- Kinder brauchen Zeit, um das Bild auf und in sich wirken zu lassen und Fragen zu stellen.

Erschließungsfragen

Bei Bildbetrachtungen sind folgende Fragen geeignet:

- Wer und was ist da zu sehen? – Klärung von Sachbegriffen
- Was geschieht da? – Klärung von Funktionsbegriffen
- Warum geschieht dies oder das? – Klärung von Ursachen-, Zweck- und Sinnfragen
- Was empfindest du beim Betrachten des Bildes (der Farben, des Gesichtsausdrcks der einzelnen Personen usw.)? – Ermutigung, Empfindungen zu formulieren
- Was hast du gesehen? – Strukturierung
- Wie ist es bei uns im Kinderhaus, bei dir zu Hause? – Vergleichen
- Wie könnte es besser oder schöner sein? – Erörterung, Finden konstruktiver Lösungen
- Wie können wir das Bild selber kreativ nachgestalten (beispielsweise Essen zubereiten, den Tisch decken, gemeinsam essen – oder selbst etwas kreativ gestalten, malen, basteln usw.)? – pragmatische Dimension
- Wie können wir an liturgischen Festen im Jahreskreis teilnehmen? – Bezug zu Traditionen

9.6 Die Erschaffung der Welt

Der folgende Text ist entnommen aus dem Buch *Gib mein Volk frei!* von James Weldon Johnson. Die Illustrationen stammen von Hans Elsner.[21]

Und Gott trat heraus in den Raum.
Und er schaute sich um und sagte:
»Ich bin einsam – Ich mache mir eine Welt.«
Und so weit Gottes Auge sah,
bedeckte Dunkel die Welt,
schwärzer als hundert Mitternächte
im Zypressensumpf drunten.

Da lächelte Gott,
und das Licht brach an,
und das Dunkel rollte sich zur Seite auf,
und das Licht stand leuchtend auf der anderen.
Und Gott sagte: »Das ist gut.«

Dann griff Gott zu und nahm das Licht
in die Hände.
Gott rollte das Licht in den Händen,
bis er eine Sonne hatte.
Und er tat die Sonne lodern an den Himmel.
Und das Licht, das von der Sonne übrig war,
raffte Gott zum leuchtenden Ball
und schleuderte ihn gegen die Dunkelheit
und sprenkelte die Nacht mit Mond
und Sternen.
Dann warf er die Welt hinab.
Und Gott sagte: »Das ist gut.«

21 Das kleine Buch ist erhältlich bei der Geschäftsstelle der Deutschen Montessori-Vereinigung in Köln.

Dann trat Gott selbst herab,
und die Sonne war zu seiner Rechten,
und der Mond war zu seiner Linken,
die Sterne waren um sein Haupt geschart,
und das Erdreich war unter seinen Füßen.
Und Gott ging – und wo er hintrat,
höhlten seine Stapfen die Täler aus
und bauchten die Berge auf.

Dann hielt Gott an und sah,
wie die Erde heiß und dürr war.
Also trat Gott über den Rand der Welt
und spuckte die sieben Meere aus.
Er blinzelte – und Blitze zuckten.
Er klatschte in die Hände – und Donner grollte,
und die Wasser der Erde kamen herab.

Da spross das grüne Gras,
und die kleinen, roten Blumen blühten.
Die Tanne wies zum Himmel mit dem Finger,
und die Eiche breitete ihre Arme aus.
Die Seen kuschelten sich in den Senken,
und die Flüsse rannen zum Meer hinab. –
Und Gott lächelte wieder,
und der Regenbogen kam
und legte sich um seine Schultern.

Dann hob Gott den Arm und schwenkte den Arm
und schwenkte seine Hand
über das Meer und über das Land,
und er sagte: »Zeuge! Zeuge!«
Und ehe er noch die Hand herunternahm,
schwammen schon
Fisch und Geflügel,
Tier und Vogel auf Fluss und Meer,
strichen durch den Wald und Forst
und spalteten die Luft mit ihren Flügeln.
Und Gott sagte: »Das ist gut.«

Dann ging Gott umher.
Und Gott sah sich um
bei allem, was er gemacht.
Er sah sich seine Sonne an,
er sah sich seinen Mond an,
und er sich seine kleinen Sterne an.
Er sah sich seine Welt an
mit all den lebendigen Dingen.
Und Gott sagte: »Ich bin noch immer allein.«

Da setzte Gott sich hin
an den Hang eines Hügels, wo er denken konnte.
An einem tiefen, breiten Fluss setzte er sich hin
und hielt den Kopf in seinen Händen.
Gott dachte und dachte,
bis er dachte: »Ich mache mir einen Menschen!«

Aus dem Bett des Flusses
schöpfte Gott sich Lehm,
und am Ufer des Flusses
kniete er sich hin.
Und dort kniete er nun, der allmächtige Gott,
der die Sonne anzündete und sie an den Himmel heftete,
der die Sterne bis an die fernsten Enden der Nacht warf,
der die Erde in der Handfläche geknetet.
Dieser große Gott kniete sich hin im Staub,
wie eine Mami sich über ihr Baby neigt,
und werkte an einem Klumpen Lehm,
bis er ihn bildete nach seinem Bilde.

Dann blies er ihm den Lebensatem ein,
und der Mensch wurde zur lebendigen Seele.
Amen. Amen.

Durch eine solche Erzählung werden Kinder angeregt, sich ein eigenes Bild von der Erschaffung der Welt zu machen und Fragen nach dem Sinn des Lebens zu stellen.

9.7 Godly Play oder Gott im Spiel

»Godly Play« ist eine ökumenisch verwendbare religionspädagogische Methode, die von Jerome Berryman, einem Geistlichen der Episkopalkirche und Leiter des »Center for the Theology of Childhood« in Houston (Texas, USA), entwickelt wurde. Nach seinem Theologiestudium studierte er 1972 Montessori-Pädagogik bei Sophia Cavaletti. Nach Amerika zurückgekehrt, adaptierte er seine religionspädagogischen Erfahrungen aus Italien auf seinen eigenen (amerikanischen) Kontext. Er entwickelte ein Konzept für die Sonntagsschule, welches mittlerweile weltweit praktiziert wird.

Ursprung

Godly Play stellt sich bewusst in die alte Tradition der mündlichen Überlieferung lebensdeutender Geschichten. Ziel ist es, die geistige Entwicklung des Kindes zu unterstützen und das Erleben existenzieller Erfahrungen (wie Verlassenheit, Tod und andere Grenzerfahrungen) durch die Begegnung mit biblischen Geschichten zu bearbeiten.

Was ist Godly Play?

Godly Play ist eine Methode zum spielerischen Entdecken von Glaube und Bibel sowie der religiösen Sprache. Ein christlich-religiöses Denken und Verstehen wird entwickelt. Dahinter steht die Überzeugung, dass das Kind sich im spielerischen Tun mit seiner Spiritualität und seinem Glauben auseinandersetzt. Ein sog. »Genre« – eine Geschichte – trifft die Erfahrungswelt des Kindes und macht es neugierig, deren Erzählinhalt individuell für sich zu erfahren. Möglich wird dies durch ein Zeit- und Raumkonzept, durch liebevoll gestaltetes, ästhetisches Material sowie durch Spiel- und Erzählsituationen.

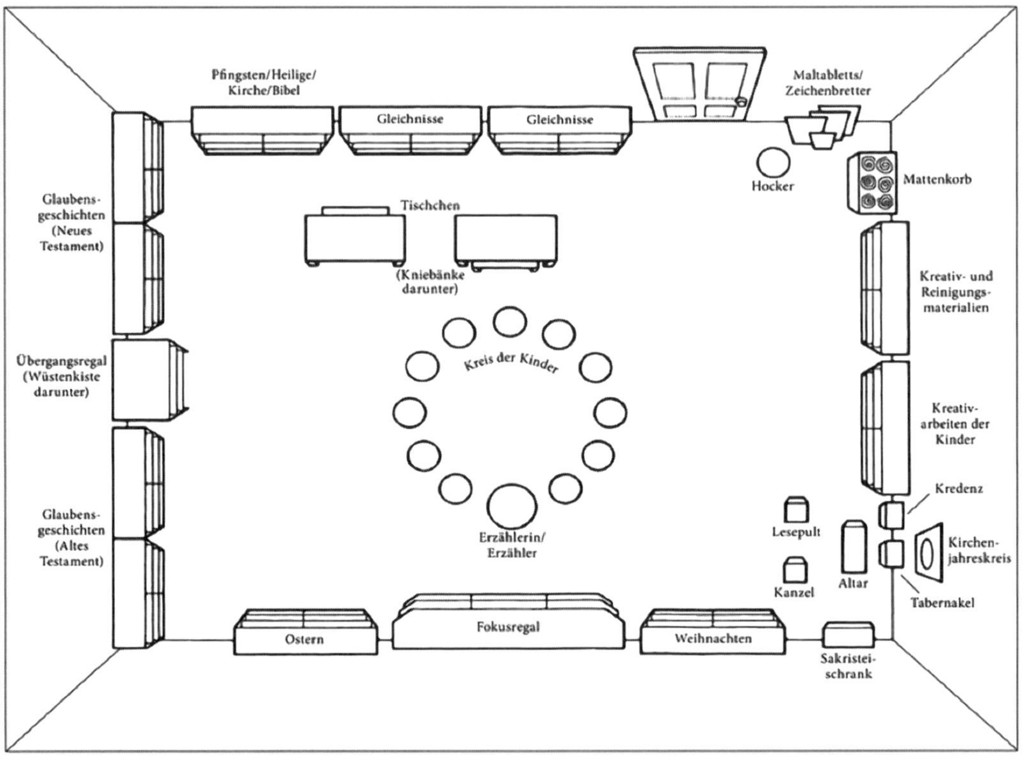

Analog zum Atrium nach Montessori gibt es einen Godly-Play Raum (also gewissermaßen ein erweitertes Atrium). In Regalen, die auf die Größe der Kinder abgestimmt sind, befinden sich Materialien zu den Einheiten des Curriculums. Die Anordnung der Materialien und der Regale ist sorgfältig durchdacht. Vor dem sog. »Fokusregal« hat die erzählende Person ihren Platz. Neben dem Material zum Kirchenjahr gibt es hier die »Heilige Familie«, welche durch die Figur des auferstandenen Christus, der seine Arme weit geöffnet hat, ergänzt wird. Dadurch wird deutlich, dass alle Geschichten vor dem Hintergrund von Menschwerdung und Auferstehung erzählt werden.

Godly-Play-Raum

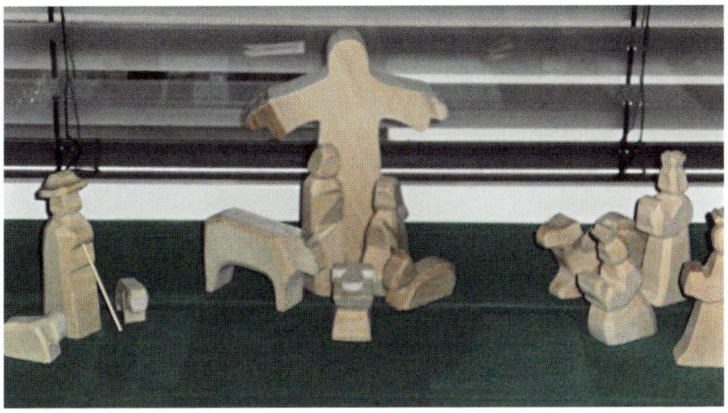

Figuren zu Godly Play

Es gibt weitere Regale mit Einheiten zu bestimmten Glaubensgeschichten aus dem Alten Testament, zu neutestamentlichen Geschichten und Gleichnissen sowie zur Liturgie (zur Taufe, zur Eucharistie bzw. zum Abendmahl und zu anderen Elementen im Kirchenjahr).

Godly-Play-Material zur Schöpfung

Struktur der Erzähleinheiten

Bei den Erzähleinheiten gibt es eine verlässliche Zeitstruktur. Beim Eintritt in den vorbereiteten Raum werden die Kinder einzeln begrüßt. Sie versammeln sich um die sogenannte »Erzählperson«. Sie fragt jedes Kind: »Bist du bereit für eine Geschichte?« Nachdem die Kinder ihre Zustimmung gegeben haben, wird mithilfe des jeweiligen Materials erzählt, und zwar ohne Blickkontakt zu den Zuhörern: zum einen, damit die erzählende Person selbst ganz in der Geschichte sein kann, und zum anderen, um den Kindern die Möglichkeit zu geben, sich auf die Geschichte und damit auf Gott einzulassen. Sprache wird sparsam und auf die Inhalte bezogen eingesetzt.

Es folgt das »Wondering« (auf Deutsch normalerweise »Ergründung« genannt), das nachdenkende und fragende Sprechen über die Geschichte. Die Kinder werden eingeladen, sich darüber zu äußern

- welcher Teil der Geschichte ihnen am besten gefällt
- welcher Teil der wichtigste ist
- wo sie selbst in der Geschichte vorkommen
- ob man etwas weglassen kann und trotzdem noch die ganze Geschichte hat.

Kreativphase

Danach folgt die Kreativzeit, eine Freiarbeitsphase, in der eigenes Empfinden verinnerlicht wird: durch Nachspielen der Geschichte, Schreiben, Basteln, Malen und Übungen des praktischen Lebens (beispielsweise: einen Tisch gestalten, Blumen pflegen, Gefäße – z. B. Kerzenständer – reinigen, Kerzen anzünden).

Die Einheit endet mit einem kleinen Fest, das aus einem gemeinsamen einfachen Essen (Keks, Saft), einem Gebet sowie der Segnung jedes einzelnen Kindes besteht.

Sinn der Geschichten

Die Glaubensgeschichten vermitteln Kindern ein Gefühl von der Kraft des Glaubens. Sie laden dazu ein, selbst Teil dieser Geschichte zu werden.

Die Gleichnisse stellen alltägliche Lebensgewohnheiten infrage, fordern zur Interpretation heraus und geben Vertrauen. Die Materialien zu diesen Geschichten befinden sich in goldenen Schachteln, da die Gleichnisse als Geschenke angesehen werden.

Die Arche Noah

Die liturgischen Handlungen beinhalten das, was in Geschichten und Gleichnissen erfahrbar wurde. Sie verbinden Lebenszeit und Lebenswirklichkeit und werden im Kontext der jeweiligen religiösen Tradition bzw. der jeweiligen konfessionellen Einbindung erzählt.

Praxisbeispiel

Genre: Die Große Familie – Gott geht mit seinem Volk (Gen 12–15, 24)
(Steinhäuser 2006: 46)

Material:

- die Wüstenkiste (ein wichtiger Ort für viele Glaubensgeschichten)
- Volk-Gottes-Figuren
- ein Körbchen mit Steinen
- zwei hölzerne Blöcke
- zwei blaue Wollfäden.

Vorbereitung

Der Erzähler fährt beim Sprechen mit der Hand über den Sand, bildet »Dünen«, lässt den Sand durch die Finger rieseln und glättet ihn wieder, um das Geheimnis der Wüste und dessen, was dort passierte, zu zeigen. Die Wollfäden und die beiden Holzblöcke werden an ihren Platz in den Sand gelegt. Die Stadt Ur liegt (vom Erzähler her gesehen) links, und die Stadt Haran liegt in der Mitte der Kiste. Aus der Perspektive der Kinder bildet Haran den Scheitel bzw. die Spitze eines Halbkreises, des »fruchtbaren Halbmonds«, der durch die blauen Fäden markiert wird. Der Block, der die Stadt Ur darstellt, befindet sich (wie gesagt) am linken Rand der Wüstenkiste. Die Figuren von Abram und Sarai werden bei Ur in den Sand gestellt. Das Bewegen der Figuren durch den Sand geschieht langsam, damit den Kindern genug Zeit bleibt, das Geschehen zu beobachten.

Erzählung

Erzählung:
Das ist die Wüstenkiste. In der Wüste sind viele wunderbare und wichtige Dinge geschehen. Deshalb sollten wir wissen, was es mit der Wüste auf sich hat. Wir können nicht die ganze Wüste hier hereinholen, aber dieses kleine Stück Wüste wird uns schon genügen. Die Wüste ist ein gefährlicher Ort. Sie verändert ständig ihr Aussehen. Darum ist es schwierig, zu wissen, wo man gerade ist. Es gibt kaum Wasser in der Wüste. Darum wird man schnell durstig, und wenn man kein Wasser findet, kann man sogar verdursten. Es wächst auch nichts, darum findet man dort fast nichts zu essen. Am Tage ist es ganz heiß, die Sonne verbrennt einem die Haut. In der Nacht ist es sehr kalt. Wenn der Wind weht, piekt einen der Sand. Deshalb tragen die Menschen mehrere Kleidungsstücke übereinander, um sich vor der Sonne und dem Flugsand zu schützen. Die Wüste ist ein gefährlicher Ort. Die Menschen gehen nicht in die Wüste, es sei denn, sie müssen dorthin. Als die Sintflut vorüber war, zogen die Geschöpfe Gottes in alle vier Himmelsrichtungen über die Erde, um sie wieder mit Leben zu füllen. Oft sammelten sie sich entlang der Flüsse. Die Menschen lebten in kleinen Dörfern und später in Städten. Eine der ältesten und bedeutendsten Städte trug den Namen Ur.

In der Stadt Ur glaubten die Menschen an viele Götter. Es gab einen Gott für jeden Baum, jeden Felsen, jede Blume. Es gab einen Gott des Himmels, der Wolken, des Wassers und des Landes. Die Welt war voller Götter. Aber es gab dort auch eine Familie, die glaubte, dass Gott allgegenwärtig sei, dass er einfach überall sei. Sie wussten das noch nicht wirklich, aber sie dachten es sich so. Abram und Sarai gehörten zu dieser Familie. Dann kam für sie die Zeit, an einen neuen Ort zu wandern. Aber sie waren nicht sicher, ob Gott auch dort sein würde. Darum fragten sie sich, wie es wohl sein würde an diesem neuen Ort. Sie zogen mit ihren Schafen und Eseln in Richtung Haran. Sogar die alten Leute und alle Kinder gingen mit. Nachts schliefen sie in ihren Zelten und am Tage wanderten sie entlang des großen Flusses Euphrat. Er zeigte ihnen den Weg und gab ihnen und ihren Tieren Wasser zum Trinken. Das dauerte sehr, sehr lange. Schließlich trafen sie Leute, die von Haran herkamen. Da wussten sie, dass ihre Reise fast vorbei war und dass sie bald da sein würden. Manchmal ging Abram hinaus an den Rand der Wüste. Er schaute über den Sand und hinauf zum Himmel. Dann kam Gott Abram so nah, und Abram kam Gott so nah, dass er wusste, was Gott von ihm wollte. Gott wollte, dass Abram und Sarai wieder weiterzogen an einen anderen, neuen Ort. Abram und Sarai taten, was Gott sagte. Sie gingen in die Wüste westlich von Haran und wanderten in Richtung Kanaan. Sie nahmen all ihre Schafe, ihre Zelte und viele Helfer mit. Abrams Neffe Lot ging auch mit ihnen. Diesmal gab es keinen Fluss, der ihnen den Weg zeigte oder ihnen Wasser zu trinken gab. Unterwegs erreichten sie einen Ort, der hieß Sichem. Abram kletterte auf einen Hügel, um zu beten. Und Gott war da. Deshalb baute Abram dort einen Altar, um diese Stelle zu kennzeichnen. Dann zogen sie weiter. Als Nächstes kamen sie an einen Ort in der Nähe von Bet-El. Wieder betete Abram, und Gott war auch dort. Wieder baute Abram einen Altar, um die Stelle zu kennzeichnen. Gott war nicht nur »hier« oder »da«. Alles von Gott, der ganze Gott war überall. Schließlich kamen sie nach Hebron, um sich ihr Heim zu bauen, nahe den Eichen von Mamre. Eines Nachts rief Gott Abram aus seinem Zelt heraus. Abram sah hoch in den Himmel. Gott kam Abram so nah, und Abram kam so nah zu Gott, dass Abram wusste, was Gott sagte. »Du wirst zum Vater einer großen Familie werden, und Sarai wird die Mutter sein. Zu dieser Familie werden so viele Menschen gehören, wie Sterne am Himmel stehen und Sandkörner in der Wüste sind.« Abram lachte. Er und Sarai waren sehr alt. Gottes Versprechen klang unmöglich. Aber immerhin wollte Gott ihre Namen ändern. Abram sollte Abraham heißen und Sarai Sarah. Eines Tages kamen drei Fremde aus der Wüste. Abraham saß neben seinem Zelt. Er lud die Fremden ein, hereinzukommen, und Sarah mischte drei Maß Mehl (was sehr viel ist). Sie gab den Fremden Brot und Fleisch zu essen und Milch und Wasser zu trinken, so wie es üblich war. Die Fremden sagten Abraham voraus, dass er und Sarah einen Sohn bekommen würden – und Abraham lachte. Sarah stand nahe am Zelt und hörte sie reden. Sie lachte auch. Die beiden waren zu alt! Die drei Fremden wanderten weiter. Könnt ihr euch denken, was dann geschah? Abraham und Sarah bekamen einen Sohn. Und wieder lachten sie. Deshalb nannten sie das Baby »Lachen«. In ihrer Sprache heißt das Wort für »lachen« »Isaak«. Als Isaak herangewachsen war, starb Sarah. Sie wurde begraben in einer Höhle nahe bei den Eichen von Mamre. Abraham fühlte sich jetzt einsam. Er vermisste Sarah sehr, aber da war eine Sache, die er noch tun musste. Abraham schickte den Diener, dem er am meisten vertraute, zurück in das Land seines Volkes, um eine Frau für Isaak zu finden. Auf seiner Reise machte Abrahams Diener eines Abends Rast an einem Brunnen. Da war eine Frau, Rebekka, die bot ihm Wasser zum Trinken an. Dann half sie ihm, auch seine Tiere zu tränken. Sie war mutig und freundlich. Hinterher lud sie den Diener zu sich nach Hause ein. Dort erzählte er Rebekkas Familie von Abraham und Sarah und der Verheißung der Großen Familie. Rebekka entschied, dass sie zu dieser Großen Familie dazugehören wollte. Also wanderten sie zurück durch die Wüste, vorbei an Sichem und Bet-El nach Hebron. Isaak sah sie kommen und lief ihnen entgegen. Dann heirateten Isaak und Rebekka. Nun war auch Abraham so alt und reich an Jahren, dass er starb. Er wurde neben Sarah begraben, in der Höhle nahe den Eichen von Mamre. Dann bekamen Isaak und Rebekka Kinder, und deren Kinder bekamen wieder Kinder, und deren Kinder bekamen auch wieder Kinder. Das ging über Tausende von Jahren so weiter – bis schließlich eure Großmütter und Großväter Kinder hatten. Und dann hatten eure Mütter und Väter Kinder. Nun seid ihr selbst Teil dieser Großen Familie, deren Zahl so groß geworden ist, wie Sterne am Himmel stehen und wie Sandkörner in der Wüste sind.

Ergründung:

Ergründung

Auf die Frage: Was ist wohl am wichtigsten in dieser Geschichte? antwortet Amelie: »Gott ist nah und überall.«

Auf die Frage: Wo kommst du in dieser Geschichte vor? meint Elias: »Ich bin auch ein Kind dieser Familie.«

Rebekka sagt: »Dass Isaak so schnell gelaufen ist und sich über die Rebekka freut, finde ich schön. Da habe ich mich ganz dolle gefreut und hab' gemerkt, wie der läuft und wie glücklich die Rebekka ist.«

Der Wüstensack

10.

Musik und Kunst

Das zehnte Kapitel erläutert die Bedeutung der Musik und auch von Bildern in der Erziehung jüngerer Kinder und skizziert, wie künstlerische Elemente im Kinderhausalltag Platz finden können.

Kreativität ist essenziell für die nächste Phase unserer menschlichen Gesellschaft (Thomas Sattelberger).

Jeder Mensch hat die Fähigkeit und das Bedürfnis, sich durch künstlerisches Gestalten schöpferisch auszudrücken; wenn man so will, kann man im Anschluss an einen Begriff Maria Montessoris von einer Gestaltungs- oder Kreativ-Nebula[22] sprechen: Schöpferisches Gestalten gehört zur Grundausstattung des Menschen. Allerdings hebt Montessori auch noch einmal deutlich diejenigen Menschen heraus, deren Genialität sie zur Schaffung großer Kunstwerke befähigt. Diese Kreativ-Nebula differenziert sich dreifach:

Schöpferisches Gestalten als menschliches Grundmerkmal

- kreatives Gestalten im Blick auf Sprache (dazu gehört auch Theaterspielen)
- kreatives Gestalten im Blick auf bildende Kunst
- kreatives Gestalten im Blick auf Musik.

Im Anschluss an andere Äußerungen Montessoris kann man noch einen vierten Aspekt hinzufügen: Rhythmus, Bewegung und Tanz gehören bei ihr zu den wichtigsten Ausdrucksformen. Es kommt also dazu: kreatives Gestalten im Blick auf Körpersprache (vgl. Berg 2010: 17).

10.1 »Wo man singt, da lass dich ruhig nieder«

Tägliches Singen fördert die Musikalität, ein soziales Miteinander in guter Atmosphäre und die Verarbeitung von Gefühlen. Musik kann man nicht lehren – Musik entwickelt sich (wie die Sprache) aus dem Menschen selbst. »Singend und tanzend erschuf Gott die Welt«, sagen östliche Mythen.

Zweierlei Musik

Unsere Welt ist von einem profanen Musikangebot geprägt. Musik ist in jeder Form verfügbar und wird als Konsumware zum Billigpreis angeboten. Kinder werden »zugedröhnt« mit einer Flut akustischer und optischer Reize: Musik als Lärm. Wie kann sich da der ursprüngliche Wunsch des Kindes, Klänge und Töne und damit ein inneres Gleichgewicht zu finden, entfalten? Musiktherapeuten berichten von der heilenden Kraft, die Töne für unser Lebensgefühl, unser Denken und unser schöpferisches Sein haben. Es ist daher unverständlich, dass die Musikpädagogik in der Erzieherausbildung einen geringen Stellenwert hat und nur 5 % der Grundschullehrer Musik als Studienfach belegen.

Wirkungen des Singens und Musizierens

Musizieren und Singen fördert die Gesundheit, sagen die Mediziner. Es befreit den Menschen, verbessert die Kopfdurchblutung und stimuliert den gesamten Körper. Die Stimmbänder, die Lunge, das Herz, das Zwerchfell, sogar der Beckenboden beginnt

22. Eine Nebula (Plural: Nebule) ist bei Montessori eine angeborene Disposition (Bereitschaft) für den Spracherwerb, die Bewegung und weitere menschliche Fähigkeiten. Die Nebule sind verschiedene Weisen der Spezialisierung und Differenzierung der Aktivität, die sich nachgeburtlich in den sensiblen Phasen fortsetzen. Insofern gehören sie zu den biopsychologischen Voraussetzungen der menschlichen Entwicklung.

zu schwingen. Die Atmung wird tiefer und liefert mehr Sauerstoff. Wer häufig singt, ist selbstbewusster und ausgeglichener und kann besser mit Sorgen und Stress umgehen. Gerade bei Sorgen und Trauer kann Singen und Musizieren Lebenshilfe sein. Der Klang der eigenen Stimme beruhigt. Das schwingende Zwerchfell aktiviert das Sonnengeflecht im Körper, das sich regulierend auf das autonome Nervensystem auswirkt. Wer bei Angst lange genug singt, bekommt wieder einen klaren Kopf und kann angemessen handeln. Bei Kindern führen Gesang und Musizieren zu den Schlüsselfähigkeiten, mit denen es sich leichter und besser lernen lässt: Kreativität, Sprachgewandtheit, Begeisterung und Motivation. Auch die Gemeinschaft wird durch das Singen gefördert. Die Atmosphäre, die durch das Singen geschaffen wird, verbindet und schafft Nähe, Ruhe und Harmonie. Nicht umsonst sagt ein altes Sprichwort: »Wo man singt, da lass dich ruhig nieder, böse Menschen haben keine Lieder.«

Eine Vorbereitete Umgebung im Elementarbereich, die genügend musikalische Elemente enthält, trägt zur ganzheitlichen Entwicklung des Menschen bei. Sie verbindet Bewusstes und Unbewusstes, das Unten und das Oben und bringt elementare Erfahrungen und Erkenntnisse in ein harmonisches Verhältnis.

Kindgemäße Instrumente

Kinder nähern sich Instrumenten neugierig und unbefangen. Für Kinder im Kinderhaus stehen nicht in erster Linie Instrumente zur Verfügung, die zuerst gelernt werden sollen und erst dann gespielt werden dürfen. Sie brauchen Instrumente, durch die sie spielend und horchend erfahren können, was in einer Welt, in der elektrische Töne uns vielfach überrollen, vonnöten ist.

Eine musikalische Erziehung in Elementarbereich beinhaltet:

- die Schulung des Gehörs
- Stilleübungen
- Bewegungsaktivitäten wie Tanzen und Bewegungsspiele
- das Singen
- das Musizieren mit Orff-Instrumenten
- Rhythmik
- Reime und Sprechgesänge
- Übungen mit körpereigenen »Instrumenten« (klatschen, stampfen ...)
- die Hinführung zu verschiedenen Musikgattungen
- das Kennenlernen von Komponisten und deren Werken
- den Besuch von Konzerten und Kinderopern.

10.2 »Jedes Kind ist ein Künstler«

»Jedes Kind ist ein Künstler. Das Problem ist nur, wie man ein Künstler bleibt, wenn man größer wird« (Pablo Picasso).

Die UNO-Kinderrechtskonvention enthält auch ein Menschenrecht auf Kunst und Spiel. Zur ganzheitlichen Förderung von Kindern gehört neben der Entwicklung von Denken und Sprache, dass sie sich künstlerisch-expressiv ausdrücken können. Je früher Kinder die Möglichkeit bekommen, sich künstlerisch und ästhetisch auszudrücken, desto besser. Durch klare Farben und Formen, entsprechendes Sinnesmaterial und Möglichkeiten zur kreativen Betätigung entspricht die Vorbereitete Umgebung nach Montessori diesem Bedürfnis.

Bereiche der musisch-kreativen Bildung

Sprach man früher von musischer Bildung, die alle Bereiche – Tanz, Rhythmik, Spiel, Singen und Musizieren – einschloss, so bezeichnen wir es heute als »kulturelle Bildung« und meinen doch dasselbe. Kulturelle Bildung beeinflusst und unterstützt die Selbstbildungsprozesse des Kindes.

Bildbetrachtung

Kinder sind in der Lage, Bildinhalte und Bildfolgen aufzunehmen und zumindest im Ansatz zu verstehen. Eine Bildbetrachtung braucht Zeit zum Verweilen, zum Nachdenken, zum Nachgestalten und zum Nachspielen. Kindern mit wachen Sinnen fällt dies leicht. Sie gehen offen auf Bilder zu, stellen Wertungen zurück, sind neugierig und unvoreingenommen. Kinder sehen Bilder mit anderen Augen und Maßstäben als Erwachsene. Für sie gilt ein Ausspruch von Picasso: »Ein Bild wird nur durch die Person lebendig, die es betrachtet.« Bilder haben für Kinder eine öffnende Funktion, schließen Erlebniswelten auf, lassen Stimmungen, Abenteuerlust und Fantasie wach werden. Kinder können ein Bild lebendig werden lassen. Sie entdecken darin Handlungen, Geschichten, Farben und Klänge. Bilder werden lebendig, weil Kinder noch in der Lage sind, ihren Blicken, Gefühlen und Fantasien freien Lauf zu lassen. Die Pädagogin unterstützt dieses Erleben durch anregende Fragen, die die Entfaltung der Fantasie unterstützen. Bilder mit den Augen der Kinder zu sehen, kann der Pädagogin auch einen neuen Zugang zur Kunst eröffnen.

Praxisbeispiel

Überfall von Seeräubern

Kinder im Alter von 4 bis 6 Jahren betrachteten das Bild *Überfall von Seeräubern* von Arnold Böcklin (gemalt 1886), heute im Wallraf-Richartz-Museum Köln.

Beispiel: Seeräuberüberfall

Intensiv betrachten die Kinder das Bild, tauchen in das Geschehen ein. Sie beschreiben das Meer, den Regen, Blitz und Donner, die Boote, das Feuer, die Menschen. Knarren die Boote, schreit da nicht jemand um Hilfe, sind die Menschen vielleicht Seeräuber?

So entwickeln wir eine Geschichte, die ein wenig zum Gruseln ist, und machen sie mit Instrumenten und Rollenspiel lebendig.

Dunkel ist es, das Meer tobt, und schon auf den ersten Blick spürt man, dass hier etwas Schreckliches geschieht. Der Titel des Gemäldes verrät uns, worum es geht: um einen Überfall von Seeräubern. Nach diesem Einstieg beginnen die Kinder nun selber die Handlung zu erzählen und bereitstehende Instrumente mit einzubeziehen. Die Kinder lassen das Bild durch Töne lebendig werden. Das Meer spielen sie mit dem Oceandrum, den Regen mit Regenrohren. Trommelnd erfahren sie eigene Rhythmen, indem sie den Donner auf Handtrommeln darstellen.

Musikalische Begeitung

In der äußeren Form dieser Instrumente begegnen den Kindern Urformen. Die Kreisform der Trommel ist ein Symbol für Geborgenheit und Unendlichkeit, die Klangschale ein Symbol der Offenheit und des Empfangens. Mit knisterndem Papier wird das Feuer aus dem Bild lebendig. Das Knarren der Boote wird mit einem »Waldteufel« (hergestellt aus einer leeren Konservendose, etwas Paketschnur, einem Stück Holz und etwas Wachs zum Einreiben der Paketschnur) erzeugt. Das Laufen der Piraten wird mit dem Xylofon gespielt. Hier können die Kinder Klänge und ihre Schwingungen nicht nur hören, sondern auch spüren. Das Hängende Becken[23] symbolisiert die Turmuhr und macht diese Erfahrung besonders deutlich. Das Tun mit den Instrumenten, das sich nach einfachen Regeln vollzieht, nimmt die Angst vor dem »Ich kann es nicht« und lässt in froher Runde das Zusammenspiel mit anderen erleben. Alles geschieht gemeinsam, im Miteinander und lässt dennoch Freiraum zu einer individuellen Verarbeitung des Bildes.

23 Das Hängende Becken ist ein Orff'sches Instrument, das es in den meisten Tageseinrichtungen für Kinder gibt.

Musisches und kreatives Tun fördert:

Wirkungen musisch-kreativen Tuns

- die kognitive Entwicklung (durch intensives Betrachten, Benennen, Identifizieren, Beschreiben, Ordnen)
- das logische Denken (durch das Finden von Bezügen und Antworten)
- die Erweiterung des Wortschatzes (durch Klärung unbekannter Wörter und Begriffe)
- die Entwicklung der Sprache generell (durch das Beschreiben von Bildinhalten)
- die Fähigkeit, sich durch das Spiel Fragen zu erschließen
- die Motorik (durch Tanz und rhythmisches Spiel)
- das soziale Miteinander (durch Absprachen und das Verteilen der Rollen)
- die emotionale Entwicklung (Farben und Formen beeinflussen Stimmungen).

»Kurz gesagt, es existiert ein Instinkt, sich auszudrücken, der seine eigenen Wege sucht. Es gibt deren gewiss zwei: der eine ist die Schrift, die als Ausdruck der Gedanken dient, und der andere die bildende Kunst« (Montessori 1980: 312).

Malen

11.

Spielend die Welt erobern

Maria Montessori spricht häufig von der »Arbeit« des Kindes und hebt damit die Bedeutung hervor, die das kindliche »Spiel« für den Aufbau seiner Persönlichkeit hat. Dieses Kapitel stellt eine Reihe von Spielformen zusammen – nicht zuletzt auch draußen, in der Natur bzw. im Garten.

Das Kind ist ein aktiv lernendes Wesen, das alles in sich trägt, was es zu seiner Entwicklung braucht.

Fröbel bezeichnet das Spiel als die höchste Entwicklung des Kindes. Er möchte das Kind weder bewahren, betreuen und beschützen noch es belehren. Er spricht von der Entwicklung des Kindes, die naturgemäß abläuft. Es geht nicht darum, etwas vermeintlich Spielerisches an das Kind heranzutragen, sondern dem Kind Zeit und Raum zu geben zur eigenaktiven Entwicklung. »Bei der Erziehung muss man etwas aus dem Menschen herausbringen und nicht in ihn hinein.« Mit diesem (Grund-)Satz meint Friedrich Fröbel: Man soll für die Kinder geeignete Rahmenbedingungen und Entwicklungsmöglichkeiten schaffen, und zwar durch »Spielpflege«.

Eigenaktive Entwicklung

Maria Montessori spricht von der »Offenbarung«, einem im Kind angelegten Plan, den der Erwachsene nicht kennt.

Durch sein Spiel eignet sich das Kind die Welt an. Es gibt keinen Unterschied zwischen Spielen und Lernen. Wann spielt ein Kind? Es spielt, wenn es in seinem Umfeld Dinge und Aufgaben findet, die es interessant findet. Die Dinge müssen das Kind ansprechen, damit es sie im Tätigsein erforschen kann.

Spielen = Lernen

Als Erstes gilt es, das Kind genau zu beobachten, um seine Entwicklungsstufe zu erkennen, und sich darauf einzulassen. Das Spiel ist ein Lerninstrument, das auf eine natürliche Weise zur Arbeit führt. Spielen ist also keine Zeitverschwendung: Kinder brauchen freies Spiel – als eine ernste Sache, die ihnen hilft, den nächsten Schritt ihrer Entwicklung zu erreichen. Ihr Spiel darf weder verschult noch vorstrukturiert, begrenzt oder eingeengt sein.

Wenn Montessori sagt, dass das Kind nicht nur spielt, sondern arbeitet, meint sie – ähnlich wie Fröbel –, dass das kindliche Spiel der Arbeit des Erwachsenen entspreche, da es dem Kind die Möglichkeit gibt, die Welt zu erkunden und zu begreifen.

In der Freiarbeit – im Freispiel – bestimmt das Kind selbst, welches Material es wählt und wie lange es arbeitet, und es entscheidet auch selbst, mit wem es bzw. dass es allein spielt. In der Freiarbeit ist das Kind der »Akteur seiner selbst«. Maria Montessori spricht in diesem Zusammenhang davon, dass es seinem »inneren Bauplan« gehorcht.

Freiarbeit

Spielformen

Funktionsspiel

Kinder spielen nicht zielgerichtet. Sie sind neugierig und erkunden. Sie nehmen Dinge auseinander, betrachten sie intensiv, probieren aus, sortieren, ordnen und fügen wieder zusammen. Dazu stehen ihnen im Kreativbereich Materialien wie Papier, Farben, Legematerial, Holz, Ton, Wolle usw. zur Verfügung.

Gestaltungs- und Konstruktionsspiel

Bei dieser Art des Spiels benutzen die Kinder Materialien, um etwas Bestimmtes daraus herzustellen.

Anna (3 Jahre) formt aus Ton immer wieder die gleichen Kugeln: Sie muss den Ton erfahren.

Tom (4 Jahre) formt ein Gefäß aus Ton. Er möchte etwas Konkretes herstellen und besitzen.

Das Bauen mit Holzbausteinen stellt – auf verschiedenen Anspruchsniveaus – spezifische Anforderungen an das Kind:

- Erfahren des Materials
- Planung einer Konstruktion
- Statik des Bauwerkes
- Ausdauer
- Genauigkeit
- vorausschauendes Handeln
- Sorgfalt
- kritische Selbsteinschätzung.

Bauen

Bauen ist eine schöpferische Tätigkeit und führt nach einer spielerischen Anstrengung zur Entspannung. Freies Bauen nach einem inneren Plan erfüllt das Kind und hilft ihm, ruhig, ausgeglichen und zufrieden zu arbeiten. Schöpferische Unzufriedenheit entsteht, wenn es dem Kind nicht gelingt, das Vorgestellte umzusetzen. Dann können vielleicht im Zusammenspiel mit einem Partner Lösungswege gefunden werden.

Beim Bauen entsteht etwas Sichtbares. Bauen hinterlässt Spuren, ebenso wie künstlerisch-konstruktive Tätigkeiten (wie Zeichnen, Malen, Gestalten und Basteln). An diesem (relativ) stabilen Ergebnis erfährt das Kind, wozu es fähig ist. Das Kind entwickelt selbstständig Handlungsregularien, die sein Auswählen, Planen, Handeln, Kontrollieren und kreatives Schaffen beim Bauen bestimmen. Ohne äußeren Druck und in angenehmer Atmosphäre lernt es, sich mit Schwierigkeiten auseinanderzusetzen, um selbstgestellte Aufgaben zu erfüllen und Misserfolge zu überwinden.

Von Holzbausteinen geht ein starker Anreiz zum Sortieren, Probieren und Gestalten aus. Die sichtbaren Ergebnisse geben Bestätigung.

Jonas und Julius planen den Bau eines Zoos. »Ich war schon mal im Kölner Zoo, da ist ein großer Tor, wo man reingeht«, sagt Jonas. »Ist da auch ein Kassenhaus?«, fragt Julius. Tobias, der das Gespräch mit angehört hat, bemerkt: »Ihr müsst Gehege bauen und einen Felsen für die Affen.« Bei den Überlegungen orientieren sich die Kinder an ihren Vorstellungen, Fähigkeiten und Fertigkeiten. In der gemeinsamen Einschätzung, wie das Ergebnis erreicht wird, erfolgt eine selbstständige Planung und Handlungsausführung. Je differenzierter die Orientierungs- und Kontrollfähigkeit entwickelt ist, umso stärker wird das zu erreichende Ziel von den Kindern erlebt.

Jonas und Julius ordnen Bausteine und schätzen ab, wie viele sie davon brauchen. Sie wählen Tiere aus, für die sie Gehege bauen. Sie analysieren, bewerten, kontrollieren, sprechen sich ab, verhandeln. Ihre Überzeugungen und ihr Wissen tauschen sie aus und begründen ihre Behauptungen auch, wenn es erforderlich erscheint. Im Tun entwickeln sich soziale und moralische Gefühle, die das gemeinsame Spiel regulieren.

Bauen

Rollenspiel – Leben im Spiel begreifen

Im Rollenspiel erwerben Kinder Sozialkompetenz: Sie verhandeln bzw. handeln etwas aus, sie lösen Konflikte, sie übernehmen vielleicht die Rolle des Spielführers, müssen sich aber je nach der Situation auch zurücknehmen können.

Rollenspiel

Das Hauptmotiv beim Rollenspiel ist das interaktive Handeln: die Einnahme bestimmter Rollen und die sich daraus ergebenden Beziehungen. Spielpartner werden gewählt, Rollen verbindlich vereinbart. Kinder wehren sich, wenn die Handlungsabläufe nicht der Realität entsprechen oder wenn einer Funktion nicht entsprochen wird. Sie schlüpfen in verschiedene Rollen, sind Prinzessin, Fee oder Pirat. Mutter-Vater-Kind-Spiele, einkaufen, Besuch einladen, eine Geburtstagsfeier, eine Fahrt auf dem Piratenschiff sind oft gewählte Themen.

Für Rollenspiele stehen zur Verfügung:

- eine Kiste mit Tüchern und Decken
- Kleider, Jacken, Schuhe, Hüte, Taschen, Ketten, die auf Bügeln hängen bzw. auf einer Ablage liegen
- ein großer Spiegel, in dem sich die Kinder beim Verkleiden betrachten können
- Puppen, Stofftiere
- kleine Sessel, ein Sofa, ein Tisch, ein Schrank mit Geschirr
- Telefone und andere Gegenstände aus der Erlebniswelt der Kinder.

Spiel in der Natur

Ein großer Außenspielbereich ergänzt und erweitert den Innenraum und bietet den Kindern viele weitere Möglichkeiten. Draußen können sie sich in frischer Luft bewegen, sie erleben die Natur im Jahresrhythmus und haben vielfältige Möglichkeiten, Dinge in der Natur zu entdecken und zu spüren.

Natur

Angebote im Außengelände sind etwa:

- Möglichkeiten zum Gestalten und Verändern
- Möglichkeiten zum Klettern, Balancieren, Schaukeln, Bauen, Hüpfen, Konstruieren, Werken und Demontieren
- Möglichkeiten zum handelnden Umgang mit den Elementen: Erde, Wasser, Feuer, Luft
- Möglichkeiten, um überschaubare Risiken zu wagen und einzugehen
- ein (relativ) naturbelassenes Gelände zum Erforschen
- eine große Freifläche für aktive Bewegungsspiele
- Nischen für Versteckspiele und als Raum, wohin man sich zurückziehen kann
- Steine, Stöcke, Äste, Baumstücke, Bretter, Tannenzapfen, Reifen, Sand, Kies, Schotter, Kartons, Holzkisten, Lehm zum Gestalten

- große Wände zum Bemalen
- Materialien für Rollenspiele
- verschiedene Fahrzeuge wie Räder, Bobbycars, Schubkarren
- Sandspielzeug

- Lupen zum Beobachten
- Bälle, Seile, Reifen und Hüpfbälle
- Möglichkeiten zum Gärtnern (pflanzen und auch ernten – Obst, Kräuter, Kartoffeln und Gemüse)
- Möglichkeiten, Tiere zu beobachten (z.B. Eichhörnchen, Schmetterlinge) und zu pflegen (Teich mit Fischen und Fröschen)
- Nistkästen und Futterstellen für Vögel
- die Möglichkeit, Laub zusammenzukehren und in den Laubhaufen zu spielen.

Zum Außenbereich gehört ein kleiner Nutzgarten mit Beeten für die Kinder, wo sie graben, säen, beobachten, pflegen und ernten können, und einem Komposthaufen.

Durch diese Begegnungen mit der Natur werden die Kinder in die Grundlagen ihrer Existenz, in die Naturgesetze und in die Gesetze des Wachstums der Tier- und Pflanzenwelt eingeführt. Gartenarbeit hat somit einen pädagogischen Sinn: Sie fördert die Kenntnis der Natur und das Erlernen einer angemessenen Einstellung ihr gegenüber, und sie hilft dabei, den Jahreskreislauf zu verinnerlichen und ein Bewusstsein der eigenen Verantwortung zu entwickeln.

Garten

Hierbei war Montessori sicher von den Ideen Fröbels angeregt. Bertha von Marenholtz-Bülow, eine Fröbel-Kennerin, bemerkt: »Den Kindern die Augen zu öffnen, was um sie her vorgeht, sie auf die Natur und ihre Wandlungen hinzuweisen und an denkendes Beobachten zu gewöhnen, dazu ist der Garten und seine Pflege ganz besonders geeignet. Mit jedem Kindergarten muss deshalb ein freier Raum verbunden sein, in dem die Kleinen selbst Gärtner sein können« (vgl. Schmutzler 1991: 84).

Man sollte Kinder lehren, ohne Netz auf einem Seil zu tanzen.
Bei Nacht allein unter freiem Himmel zu schlafen.
In einem Kahn auf das offene Meer hinauszurudern.
Man sollte sie lehren, sich Luftschlösser statt Eigenheime zu erträumen
und in sich selbst Geborgenheit zu finden.
(Hans-Herbert Dreiske)

12.

Was sagen Kinder über ihr Kinderhaus?

Hier kommen die Kinder selbst zu Wort, und viele der Themen des Buches kehren in ihren Worten in einer ganz neuen Perspektive wieder.

Hier kommen Kinder zu Wort, die 2016 eingeschult wurden.

Niko:
Also das Fußballspielen ist ganz toll, weil wir dazu eine große Wiese haben und ein Tor und ich so schnell bin. Dann fand ich toll, dass ich den Nikolaus spielen konnte – aber nach dem bin ich ja auch benannt.

Oliver:
Im Wald spielen, auf unserem Bauspielplatz, das war schön, und wenn wir mit Farben auf der Leinwand gemalt haben, ich male gern.

Amy:
Das Weben auf dem Webrahmen, das hat mir Spaß gemacht, und im Garten zu arbeiten und die Kräuter aus der Kräuterspirale zu riechen und zu essen. Der Tee war auch lecker. Kochen und Backen ist überhaupt schön.

Jeremy:
Die Buchstabendecke ist cool und das Hunderterbrett schwer, da sind viele Zahlen. Die Werkbank, da kann man so toll sägen und Nägel einschlagen. Kann ich, glaub' ich, besser als mein Papa.

Christina:
In der Puppenstube, da kann man sich so schön verkleiden, und lecker war die Brennnesselsuppe, die wir gekocht haben – aber die mochte mein großer Bruder auch gerne essen, und der ist jetzt schon im sechsten Schuljahr.

Tomeo:
Fußball spielen, und drinnen fand ich das Weben schön und das Wassergießen und die Römische Brücke und die vielen Fahnen und die Weltkarte. Singen finde ich auch gut, und die Instrumente und die Glocken kann ich gut hören.

Franziska:
Mein Bruder ist schon im ersten Schuljahr, aber ich kann viel besser lesen, und im Kinderhaus kann ich den anderen vorlesen. Ich liebe Bücher und das Lesen und dann noch all die Geschichten, die in der Bibel stehen. Unsere Erzieherin, die weiß so viel von der Bibel, das will ich auch lernen.

Hannah:
Ich liebe Geschichten und die Weltkarte und kenne schon ganz viele Flaggen und weiß auch, warum drei Kronen und elf Tränen auf der Fahne von Köln sind. Lesen kann ich auch schon etwas, das ist toll, wenn man Buchstaben fühlen kann. Ich kenne alle Ziffern, und mit dem Schlangenspiel zu rechnen ist nicht leicht, aber toll.

Leona:

Die Fahrten nach Köln waren schön, aber auch die Wanderungen im Wald und wenn wir die Schafe besucht haben und wenn ich mit Franziska den Jahreskreis gemacht habe, die kann ja lesen. Und das Sticken, das ist gar nicht schwer. Das Schuheputzen war gut, besonders in der Zeit im Advent, als wir für arme Kinder Geld gesammelt haben.

Elija:

Der Bauspielplatz ist immer toll, denn ich kann gut rennen. Die Farbtäfelchen finde ich schön, und im Sommer kommt meine kleine Schwester ins Kinderhaus, der gefällt bestimmt die Sandwanne und die Geschichten und das Schuheputzen.

Ode:

Das Labyrinth mit den roten Stangen und wenn wir es geschmückt haben und das Gehen auf der Linie, da fühlt man den Wind so.

Ronja:
Mit dem Rosa Turm und der Braunen Treppe kann man ganz schön in die Höhe bauen. Einmal ist mir so ein Stein von der Treppe auf den Fuß gefallen, das tat weh, aber ich habe weitergemacht. Im Garten war es gut, und als wir die Johannisbeeren gepflückt und die Marmelade gekocht haben, die war lecker.

Maja:
Die Holzpferde finde ich schön und wenn ich so gemütlich frühstücken kann und nachher abspülen kann. Auch das Mittagessen war lecker.

Justin:
Also, das Mittagessen und die vielen Bilderbücher. Wäsche waschen mit dem Waschbrett. Meine Mama findet Bügeln doof, aber ich mache das gerne. Im Kinderhaus gibt es einen tollen Bauraum mit so vielen Tieren. Die Bücher sind auch gut und die Holzfahrzeuge und das Fahren draußen auf unserem Kirchbergring.

Von den Kindern

Und eine Frau, die ein Kind an ihrer Brust hielt, sagte: Sprich zu uns von den Kindern.
Und er sagte: Eure Kinder sind nicht eure Kinder.
Sie sind die Söhne und Töchter der Sehnsucht des Lebens nach sich selbst.
Sie kommen durch euch, aber sie sind nicht von euch, und auch wenn sie bei euch sind, gehören sie euch nicht.
Ihr könnt ihnen eure Liebe geben, aber nicht eure Gedanken, weil sie ihre eigenen Gedanken haben. Ihr könnt ihren Körpern eine Behausung geben, aber nicht ihren Seelen, weil ihre Seelen im Haus von Morgen wohnen, welches ihr nicht betreten könnt, noch nicht einmal in euren Träumen.
Ihr könnt versuchen, wie sie zu sein, aber versucht nicht, sie euch anzugleichen, – das Leben geht nicht rückwärts, noch verweilt es beim Gestern.
Ihr seid die Bogen, von denen eure Kinder als lebende Pfeile abgeschossen werden.
Der Bogenschütze sieht das Ziel auf dem Pfad der Unendlichkeit, und Er biegt euch mit seiner Kraft, damit seine Pfeile schnell und weit fliegen.
Möge das Gebogenwerden in des Schützen Hand Freude in euch auslösen.
So wie Er den fliegenden Pfeil liebt, so liebt Er auch den Bogen, der fest steht.
(Khalil Gibran)[24]

24 Gibran 2002: 24–26.

13.

Literatur

Maria Montessori – Gesammelte Werke

In dieser Edition erscheinen seit 2010 in insgesamt 21 Bänden beim Verlag Herder die bisher veröffentlichten, aber auch eine Vielzahl noch unveröffentlichter Schriften der weltberühmten Reformpädagogin als wissenschaftliche Werkausgabe. In z.T. neuen Übersetzungen, versehen mit zahlreichen Fußnoten, Anhängen und Kommentaren zu den verschiedenen Auflagen sowie mit ergänzenden Passagen aus anderen Ausgaben vermitteln die *Gesammelten Werke* einen guten Einblick in die Entwicklung des pädagogischen Denkens Maria Montessoris und lassen die Textgenese nachvollziehen. Herausgeber der Reihe ist Prof. (em.) Dr. Harald Ludwig, Universität Münster.

Bisher sind erschienen:

Die Entdeckung des Kindes als Band 1 (2010, ²2012) (= Montessori 2010)
Erziehung und Gesellschaft als Band 3 (2011)
Praxishandbuch der Montessori-Methode als Band 4 (2010, ²2011)
Kalifornische Vorträge als Band 5 (2014)
Das Kind in der Familie als Band 7 (2011)
Psychoarithmetik als Band 11 (2012)
Psychogeometrie als Band 12 (2012)
Von der Kindheit zur Jugend als Band 14 (2015)
Durch das Kind zu einer neuen Welt als Band 15 (2013)

Pro Jahr werden 2–3 Bände erscheinen, so dass das gesamte Werk voraussichtlich bis 2022 geschlossen vorliegen wird.

Weitere Schriften von Maria Montessori

Maria MONTESSORI (1966): *Von der Kindheit zur Jugend*, Freiburg
Maria MONTESSORI (1972): *Das kreative Kind*, Freiburg
Maria MONTESSORI (1980): *Die Entdeckung des Kindes*, Freiburg
Maria MONTESSORI (1988): *»Kosmische Erziehung«*, Freiburg

Sonstige Literatur

Claudia ALSENZ / Stefan ALSENZ (1999): *Arbeitsbuch Biblische Erzählfiguren*, Wuppertal
Horst Klaus BERG (2010): *Kinder, Kunst, Montessori*, Norderstedt
Jutta BLÄSIUS (2013): *Übungen des praktischen Lebens für Kinder unter 3 Jahren*, 2. Aufl. Freiburg
Jutta BLÄSIUS (2015): *Übungen des praktischen Lebens für Kinder ab 3 Jahren*, Freiburg

Bertolt Brecht (1971): *Geschichten vom Herrn Keuner*, Frankfurt am Main
Claus Claussen (2011): *Praxisbuch Vorlesen*, Braunschweig
Mihaly Csikszentmihalyi (1993): *Das Flow-Erlebnis. Jenseits von Angst und Langeweile: im Tun aufgehen*, 5. Aufl. Stuttgart
Raymund Dernbach (2001): *40 Jahre Montessori-Vereinigung*. In: Montessori. Zeitschrift für Montessori-Pädagogik 39/3–4, 165–171
Deutsche Montessori-Vereinigung e.V. (1996): *Arbeitsbuch Geometrie*, Aachen
Deutsche Montessori-Vereinigung e.V. (2014a): *Montessori-Material. Verbindliches Handbuch für Lehrgangsteilnehmer*, 6. Aufl. Zelhem
Deutsche Montessori-Vereinigung e.V. (2014b): *Mathematik für Kinderhaus und Schule. Verbindliches Handbuch für Lehrgangsteilnehmer*, 6. Aufl. Zelhem
Deutsche Montessori-Vereinigung e.V. (2015): Montessori. Zeitschrift für Montessori-Pädagogik 53/2
Donata Elschenbroich (2001): *Weltwissen der Siebenjährigen*, München
Hans Elsner (1991): *In die kleine Hand gib ein Glas Wasser*, Köln
Fachgruppe für Kosmische Erziehung der Deutschen Montessori-Vereinigung (2003): *Wie die Erde auf die Welt kam*, Köln
Khalil Gibran (2002): *Der Prophet* (deutsch von Ulrich Schaffer), Freiburg
Helene Helming (1998): *Montessori-Pädagogik*, 17. Aufl. Freiburg
Sönke Held / Tanja Pütz (2013): *Montessori von Kindern und Wissenschaftlern erklärt*, Freiburg 2013 (DVD)
Thomas Helmle / Petra Wöbcke-Helmle (2016): *Praxisbuch Kosmische Erziehung*, Freiburg
Dagmar Hense / Isabel Abedi (2002): *Das neunundneunzigste Schaf*, 2. Aufl. München
James W. Johnson (2003): *Gib mein Volk frei*, Gütersloh
Kindergartenmuseum NRW: *Schautafel zur Entwicklung der Kleinkinderziehung*, Bergisch-Gladbach
Michael Klein-Landeck / Tanja Pütz (2011): *Montessori-Pädagogik. Einführung in Theorie und Praxis*, Freiburg
Monika Klotz: (2013) *Kinder erleben Musik, Freiburg*
Armin Krenz (2003): *Ist mein Kind schulfähig?*, 2. Aufl. München
Astrid Lindgren (1977): *Das verschwundene Land*, Hamburg
Paul Oswald (1969): Lehrbriefe zum Montessori-Lehrgang 1969 in Vechta
Peter Ortling (2002): *Montessori-Pädagogik in Deutschland*, Münster
Emmi Pikler (2001): *Lasst mir Zeit. Die freie Bewegungsentwicklung bis zum Gehen*, 3. Aufl. München
Jürgen Reyer (2012): *Die Kindergärtnerin. Ein Roman aus der Anfangszeit des Kindergartens*, Rudolstadt
Antoine de Saint-Exupéry (2008): *Der kleine Prinz* (deutsch von Grete und Josef Leitgeb), 65. Aufl. Düsseldorf
Hans-Joachim Schmutzler (1975): *Spiel, Phantasie und Arbeit bei Fröbel und Montessori*, Dissertation Münster

Hans-Joachim SCHMUTZLER (1991): *Fröbel und Montessori*, Freiburg
Ulrich STEENBERG (1998): *Lass deinem Kind sein Geheimnis*, Freiburg
Martin STEINHÄUSER (2006): *Godly Play. Praxisband Glaubensgeschichte*, Leipzig
Thich Nhat HANH (2010): *Entdecke den Schatz in deinem Herzen*, München
Erwin WAGENHOFER / Sabine KRIECHBAUM / André STERN (2012): *alphabet: Angst oder Liebe*, Salzburg
Helmut ZÖPFLI (1984): *Der kleine Prinz beim Pädagogen* (unveröffentlicht, der Autorin als Kopie vorliegend)

***

www.ohrenspitzer.de